SCHÄFFER
POESCHEL

Franz Waldherr/Claudia Walter

didaktisch und praktisch

Ideen und Methoden für die Hochschullehre

2009
Schäffer-Poeschel Verlag Stuttgart

Bibliografische Information Der Deutschen Nationalbibliothek
Die Deutsche Nationalbibliothek verzeichnet diese Publikation in
der Deutschen Nationalbibliografie; detaillierte bibliografische
Daten sind im Internet über <http://dnb.d-nb.de> abrufbar.

Gedruckt auf chlorfrei gebleichtem, säurefreiem und alterungsbeständigem
Papier

ISBN 978-3-7910-2913-9

Dieses Werk einschließlich aller seiner Teile ist urheberrechtlich geschützt.
Jede Verwertung außerhalb der engen Grenzen des Urheberrechtgesetzes ist
ohne Zustimmung des Verlages unzulässig und strafbar. Das gilt insbesondere
für Vervielfältigungen, Übersetzungen, Microverfilmungen und die Einspeicherung und Verarbeitung in elektronischen Systemen.

© Schäffer-Poeschel Verlag für Wirtschaft · Steuern · Recht GmbH

www.schaeffer-poeschel.de
info@schaeffer-poeschel.de

Einbandgestaltung: Willy Löffelhardt/Melanie Frasch
Redaktion: Alexander Kurz, Hampp Media GmbH, Stuttgart
Satz: pws Print und Werbeservice Stuttgart GmbH
Druck und Bindung: Ebner&Spiegel, Ulm

Printed in Germany

September 2009

Schäffer-Poeschel Verlag Stuttgart
Ein Tochterunternehmen der Verlagsgruppe Handelsblatt

Vorwort

Die Didaktik an den Hochschulen befindet sich im Umbruch. Die häufig gebrauchte Formulierung »The Shift from Teaching to Learning« beinhaltet, dass sich die Lehre zukünftig an den Lernenden orientieren soll. Nicht mehr das Belehren, sondern die Initiierung und Steuerung von Lernprozessen sind gefragt. Erkenntnisse der Lehr- und Lernforschung münden nun (man ist versucht zu sagen, endlich) innerhalb des Bologna-Prozesses in eine auch offiziell von Hochschulrektorenkonferenz und Wissenschaftsrat geforderten Veränderung der Lehrmethoden ein: Wenn als Lernziel dezidiert Methodenkompetenzen festgeschrieben werden, muss die Didaktik darauf abgestimmt werden.

Entsprechend unserem Auftrag als »Zentrum für Hochschuldidaktik« (DiZ) sind wir ständig auf der Suche nach neuen Konzepten und passender Literatur. Wir sind dabei auf einige gute Bücher zum Thema Didaktik gestoßen. Allerdings fehlen uns darin oft Tipps für die praktische Umsetzung. So entstand die Idee für dieses Buch. »Didaktisch und praktisch« ist, wie der Titel sagt, eine Sammlung von Lehrmethoden und Hinweisen für den Einsatz in der Lehrpraxis. Erfahrungen und Berichte von Lehrenden, die mit diesen Methoden schon gearbeitet haben, sind in unsere Beschreibungen mit eingeflossen und helfen Ihnen hoffentlich dabei, die Methoden entsprechend anzuwenden.

Wer auf der Suche nach »großen« Lernmethoden ist wie Projektarbeit, Fallstudien, Simulation/Planspiel oder Problem-Based Learning, der wird in diesem Buch nicht fündig werden – dafür gibt es unserer Meinung nach genug auf die Hochschulwelt bezogene Literatur. Wir haben uns hier beschränkt auf die kleineren und einfacheren Methoden, die man schnell und problemlos in einer Doppelstunde durchführen kann, oder mit denen man die Studierenden bis zur nächsten Veranstaltung in Aktion bringt. Solche Methoden finden sich zwar auch in vielen Trainingshandbüchern, aber meist sehr verstreut und immer nur für Trainingssituationen mit relativ kleinen Teilnehmerzahlen beschrieben. Das Leben an der Hochschule bzw. Universität sieht aber anders aus. Und diesem Umstand wollten wir gerecht werden, indem wir auf die Raum- und Ausstattungssituation ebenso wie auf die Teilnehmerzahl und das zur Verfügung stehende Zeitraster Bezug nehmen – dazu gehört auch die Verzahnung zwischen Präsenz- und Selbstlernzeit.

Nun reicht aber das Wissen, **wie** etwas funktioniert (Methodenwissen) in der Lehre allein nicht aus. Gerade in der derzeitigen Umbruchphase erschien es uns deshalb wichtig, zusätzlich einen komprimierten Überblick über die Lerntheorie und die sie begründenden Forschungsergebnisse zu geben. Denn wer nicht weiß, **warum** er etwas tut, der beherrscht eine Sache auch nicht wirklich gut. So ist der vorliegende Aufbau des Buches entstanden: Zu dem »Methodenteil« gibt es begleitend einen »Hintergrundteil«. Dort können Sie nachlesen, wann und warum es sinnvoll ist, einige der geschilderten Methoden einzusetzen. Querverweise zwischen den beiden Teilen des Buches erleichtern Ihnen die Verbindung.

Bleibt noch anzumerken, dass die hier beschriebenen Methoden nicht nur an Hochschulen und Universitäten, sondern auch im Schulunterricht gut eingesetzt werden können. Seminare mit Lehrern haben uns gezeigt, dass sich auch im Schulunterricht noch einiges verändern muss, damit bereits die Studienanfänger in der Lage sind, selbstständig und aktiv zu lernen, und im Idealfall schon Recherche-, Schreib-, Lese-, Präsentations- und Teamkompetenz an die Hochschule mitbringen.

Unser Dank gilt all den Trainern am DiZ und den vielen Kollegen an den Hochschulen, die allein oder gemeinsam mit uns diese Methoden erprobt haben und uns an ihren Erfahrungen teilhaben ließen.

Wir wünschen Ihnen und Ihren Studierenden oder Schülern bei der Arbeit mit diesem Büchlein viel Freude und freuen uns über Lob und konstruktive Kritik gleichermaßen.

Ingolstadt, im Juli 2009　　　　　　Claudia Walter und Franz Waldherr

PS: Zur besseren Lesbarkeit haben wir auf eine geschlechterspezifische Formulierung verzichtet.

Inhaltsverzeichnis

Vorwort V
Die Autoren IX

Methoden für die Lehre an Hochschulen 3

1 Methoden zu Veranstaltungsbeginn 3
1.1 Vorstellungsrunde 3
1.2 Aufstellung (1): Herkunft 5
1.3 Ball werfen 6

2 Methoden zum Einbringen und Strukturieren des Vorwissens der Studierenden 7
2.1 Kartenabfrage 8
2.2 Wissenspool 11
2.3 Mindmap 13
2.4 Kugellager oder Raupenschlepper 14
2.5 Aufstellung (2): Unterschiedliche Vorkenntnisse erkennen 18

3 Methoden zum Erwerb und zur Verteilung neuen Wissens 19
3.1 Kleingruppenarbeit 19
3.2 Sandwich-Methode 22
3.3 Snowballing 24
3.4 Think – Pair – Share 25
3.5 Gruppenpuzzle oder Jigsaw 26
3.6 Textarbeit mit der PQ4R-Methode 28
3.7 Infomarkt 30
3.8 Museumsführung oder Vernissage 33

4 Diskussionen und ähnliche Methoden 35
4.1 Murmelgruppe oder Buzz Group 35
4.2 Verschiedene Diskussionsformen 37
4.2.1 Pro- und Kontra-Diskussion 37
4.2.2 Podiumsdiskussion 38
4.2.3 Expertendiskussion 39
4.3 Experteninterview 40
4.4 Aquarium oder Inner Circle 41

5 Methoden zur Begleitung der studentischen Selbstlernphasen 43
5.1 HAITI-Übungen: Organisation für einen höheren Wirkungsgrad 43
5.2 Das Lerntagebuch 52

Inhaltsverzeichnis

6 Methoden für ein schnelles Feedback **55**
6.1 One-Minute-Paper oder Minutenfrage. 55
6.2 Blitzlicht. 57

Theoretische Hintergründe 61

1 Aller Anfang ist schwer – oder doch nicht? **62**
1.1 Der Anfang ist mehr als nur Kennenlernen 62
1.2 Wo liegt das eigentliche Problem?. 62
1.3 Was ist zu Anfang wichtig? 63

2 »Lernen ist nicht machbar« – eine Begründung für die Forderung nach aktivierenden Lehrmethoden **66**
2.1 Wie ist dieser Paradigmenwechsel entstanden?. 68
2.2 Lernen ist ein aktiver Prozess 70
2.3 Lernen Studierende anders als Kinder? 71
2.4 Was soll eine entsprechende Didaktik beinhalten?. 73
2.5 Konsequenzen für die Rollen und Kompetenzen der Lehrenden 74

3 Was sagen die Neurodidaktiker dazu? **77**
3.1 Wie funktioniert Lernen aus neurodidaktischer Sicht 78
3.2 Wie lernt man denn am einfachsten? 79
3.3 Pädagogische Schlussfolgerung 81

4 E-Learning als didaktische Methode **82**
4.1 Wie man eine Lernplattform in der Lehrveranstaltung einsetzt 83
4.2 Verschiedene Stufen im E-Learning. 83
4.3 Wie man die Studierenden zur Arbeit mit einer Plattform motiviert 86

5 Wie kann man die Motivation der Studierenden fördern? **87**
5.1 Das Engagement eines Lehrenden. 87
5.2 Welche Form der Motivation soll wie gefördert werden?. 88
5.3 Wie kann man diese Erkenntnisse für die Lehre nutzen? 89

6 Und zum Schluss die Evaluation? **91**
6.1 Ein Paradigmenwechsel auch in der Evaluation 91
6.2 Einbindung von Evaluation. 92

Literaturverzeichnis **95**

Stichwortverzeichnis **99**

Die Autoren

Prof. Dr. Franz Waldherr ist seit 2002 Direktor des DiZ – Zentrum für Hochschuldidaktik Ingolstadt. Das DiZ ist zuständig für die didaktische Aus- und Weiterbildung aller Lehrenden an den bayerischen Hochschulen für angewandte Wissenschaften. Als Diplom-Ingenieur und Wirtschaftswissenschaftler setzt er sich für die praktische Umsetzung von aktivierenden Lehrmethoden vor allem in technischen Fächern ein. Derzeit engagiert er sich besonders für die Realisierung der Bologna-Ideen: Lernerzentrierte, an definierten Lernzielen orientierte Lehre unter Berücksichtigung der studentischen Gesamtarbeitszeit. Dazu gehört auch die Gestaltung kompetenzorientierter Prüfungen. Außerdem arbeitet der Autor daran, dass die Ergebnisse aus der Lehrevaluation an Hochschulen in einen kontinuierlichen Verbesserungsprozess einfließen und so zu einer echten Optimierung führen.

Claudia Walter, Dipl.-Päd. (Univ.), Dipl.-Soz.-Päd. (FH), beschäftigt sich am DiZ mit neuen wissenschaftlichen Ansätzen in der Lehre, insbesondere mit der Frage, wie deren Transfer in den Hochschulalltag für nachhaltiges Lernen gelingt. Aktueller Schwerpunkt ihrer Arbeit ist die didaktische Gestaltung von Selbstlernzeiten der Studierenden. Hier, wie auch für den Bereich Blended-Learning, entwickelt sie Strategien, wie Präsenzzeiten mit Selbstlernzeiten sinnvoll verknüpft werden können. Sie berät Lehrende und gibt didaktische Unterstützung. Auf dem Gebiet der Evaluation beschäftigt sie sich vor allem damit, welche Evaluationsinstrumente für die Hochschulen geeignet sind. Sie verfolgt außerdem Möglichkeiten, wie diese Rückmeldungen in einem Qualitätsverbesserungssystems genutzt und umgesetzt werden können. Bei all diesen Themen arbeitet Frau Walter theoretisch und als Trainerin.

Methodenteil

Methoden, die für die Arbeit mit großen Studentengruppen (mehr als 50 Personen) oder die Gestaltung der studentischen Selbstlernzeiten geeignet sind, haben wir in der Randspalte mit einem Icon gekennzeichnet. Dabei bedeutet:

 geeignet für Großgruppen

 geeignet zur Gestaltung der Selbstlernzeit

Methoden für die Lehre an Hochschulen

Nicht jede (Lehr-)Methode ist an jeder Stelle und für alle Zwecke geeignet. Wir haben deswegen versucht, eine Ordnung zu schaffen, die Ihnen ein Raster für die Methodensuche vorgibt. Sie finden im Folgenden Methoden:
- zum Veranstaltungsbeginn,
- zum Einbringen und zur Strukturierung des bei den Lernenden vorhandenen Vorwissens,
- zum Erwerb und der Verteilung neuen Wissens,
- rund um die Diskussion,
- zur Begleitung der studentischen Selbstlernphasen,
- für ein schnelles Feedback zur Lehrveranstaltung.

1 Methoden zu Veranstaltungsbeginn

1.1 | Vorstellungsrunde

Wozu ist das gut?

Zum Beginn einer Veranstaltung oder eines Semesters kann man vor allem in kleineren Gruppen bis etwa 30 Personen durch einen Einstieg auf der persönlich-sozialen Ebene ein gutes Lernklima erzeugen. Eine – in Trainings- und Weiterbildungssituationen im Übrigen selbstverständliche – Möglichkeit dazu sind Vorstellungsrunden.

Wie funktioniert's?

Sie bereiten eine Flipchart, Folie, Powerpoint-Seite oder die Tafel vor mit Fragen etwa wie:
- Ich heiße ...
- Ich komme aus ...
- Ich erwarte mir von diesem Unterrichtsfach ...

und stellen sich selbst nach diesem Muster oder auch etwas ausführlicher vor. Dann bitten sie die Teilnehmer, sich der Reihe nach anzuschließen.

Alternativ dazu kann man auch eine Vorstellungsrunde anhand eines Gegenstandes anbieten. Dazu benötigen Sie einen Vorrat von verschiedenen Gegenständen (Steine, Holz, Metall, Figuren aller Art, Werkzeuge, Schreibmaterial, technische Kleinteile usw. – der Fantasie sind hier keine Grenzen gesetzt. Anschließend wählt jeder Teilnehmer

einen Gegenstand und stellt sich vor. Die Gegenstände legen Sie in die Mitte der Runde oder auf einem Tisch aus:
- Ich heiße ...
- Ich studiere das Fach ... (nur in gemischten Veranstaltungen, z. B. im allgemeinwissenschaftlichen Wahlpflichtbereich)
- Diesen Gegenstand habe ich gewählt, weil ...

Sie können sich dabei auf einem Blatt Papier die Namen als Sitzplan notieren, um zumindest in der ersten Sitzung die Studierenden persönlich ansprechen zu können.

Wenn Sie in der Runde eine Frage zu den Erwartungen der Studierenden gestellt haben, sollten Sie die Antworten für die Teilnehmer sofort lesbar mitnotieren (am PC, Notepad oder Editor bitte mit Schriftgröße 18 Punkt; alternativ: Mindmap-Programm, Tafel, Flipchart, Pinwand usw.). Das ist insofern bedeutsam, weil Sie damit ein deutliches Signal der Wertschätzung setzen:»Ihre Erwartungen sind mir so wichtig, dass ich sie aufschreibe.« Im Anschluss an die Vorstellungsrunde sollten die gesammelten Erwartungen dann auch besprochen werden. Sie müssen dabei nicht alle Erwartungen erfüllen. Manches gehört vielleicht in eine andere Lehrveranstaltung, anderes hat nicht die Relevanz im von Ihnen aufgebauten Gesamtzusammenhang. Das melden Sie dann den Teilnehmern zurück, eventuell mit einer zusätzlichen Angabe, wo man diese Themen nachlesen oder lernen kann.

In größeren Gruppen ab etwa 15 Teilnehmern ist eine Vorstellungsrunde im Plenum nicht mehr sinnvoll, weil man sich die Fülle der Äußerungen sowieso nicht mehr merken kann. Hier empfiehlt sich eine Vorstellung in Kleingruppen zu etwa vier oder fünf Personen. Je eine Person notiert die wesentlichen Aussagen (Wer? – Woher? – Erwartung?) auf einem Flipchart. Im Plenum wird dann nur vorgetragen, wer die Mitglieder der Gruppe sind und welche Erwartungen sie haben.

Teilnehmerzahl	Bis zu 15 Teilnehmern im Plenum, bis maximal 30 in Kleingruppen.
Raum und Ausstattung	Bis 15 Personen: Die Bestuhlung sollte ermöglichen, dass sich alle Teilnehmer gegenseitig sehen können (U-Form, Stuhlkreis).
	Mehr als 15 Personen: Die Kleingruppen sollten sich stehend oder sitzend zusammenfinden können; Möglichkeit zum Beschriften der Flipcharts z. B. auf der Tischfläche oder an der Wand mit Tesakrepp.
Material	Chart mit Fragen; gegebenenfalls Gegenstände, Flipchartpapier und Moderationsmarker; Möglichkeit zum Notieren der Erwartungen; eventuell Digitalkamera zum Fotografieren der Charts.
Zeitaufwand	Bis 15 Personen etwa 30 Minuten, darüber 45 bis 60 Minuten.

1.2 | Aufstellung (1): Herkunft

Zu Beginn eines (ersten) Semesters können Sie die Methode zu einem ersten Kennenlernen der Studenten für Sie und untereinander nutzen.

Wozu ist das gut?

Fragen Sie nach der Herkunft – besonders interessant ist das in international besetzten Masterkursen: Setzen Sie die Mitte des Raumes als Ort der Hochschule, wie das in nebenstehender Abbildung gezeigt ist (für einen Münchner ist nicht ganz zufällig München der Nabel der Welt, wie man sieht).

Wie funktioniert's?

Aufstellung: Woher kommen Sie?

Bitten Sie die Studierenden, sich nach Himmelsrichtung und Entfernung der Heimatorte im Raum aufzustellen. Dabei ist es zweckmäßig, die Himmelsrichtungen vorzugeben (Nord/Süd ist vorne/hinten, West/Ost ist links/rechts). Wer nahe an München seinen Ursprung hat, wird nahe der Raummitte stehen; der Hamburger steht – im Vergleich zum Gaststudenten aus Oslo – etwa auf halber Höhe nach vorne in der Mitte. Eine junge Chinesin steht ganz rechts außen usw.

Interviewen Sie ganz nahe und ganz weit entfernt stehende Studenten, versuchen Sie, den Studierenden mit der weitesten Anreise zu ermitteln, lassen Sie sich von den Herkunftsorten und -ländern, von charakteristischen Speisen und Getränken erzählen. Der besondere Charme dieser Methode liegt darin, dass die Studierenden sich zwangsläufig miteinander unterhalten müssen, da sie sonst ihren richtigen Platz (relativ zu den anderen!) gar nicht finden können.

Teilnehmerzahl	Beliebig
Raum und Ausstattung	Man sollte sich im Raum bewegen können, bei größeren Räumen Lautsprecheranlage mit Funkmikrofon. Ein Hörsaal mit aufsteigender, fest montierter Bestuhlung ist hierzu ungeeignet, aber vielleicht gibt es ein Foyer und Sie haben z. B. ein Megafon.
Material	Weltkarte mit dem Hochschulort als Mittelpunkt, als Poster oder projektionsfähig.
Zeitaufwand	Mit 20 Teilnehmern etwa 10 bis 15 Minuten, mit 100 etwa eine halbe Stunde.

1.3 | Ball werfen

Wozu ist das gut?	Ball werfen ist eine Übung, durch die man sich die Namen der anderen Teilnehmer gut einprägen kann. Ziel ist, die Namen zu lernen, nicht Tempo oder Komplexität. Deswegen ist Nachfragen ausdrücklich erlaubt – und zusätzliche Schwierigkeiten, wie etwa den gleichen Weg zurückwerfen oder die gleichzeitige Verwendung mehrerer Bälle, sollten vermieden werden.
Wie funktioniert's?	Der gesamte Kurs stellt sich im Kreis auf. 1. Runde: Wir werfen uns in beliebiger Reihenfolge einen Tennisball zu und sagen beim Werfen den eigenen Namen. 2. Runde: Wir sagen beim Werfen den Namen dessen, dem wir zuwerfen.

Nach der hier geschilderten Übung kann man die Frage aufwerfen, warum wir uns auf diese Weise die Namen der anderen besser merken können: Gleichzeitige Aktivität von Körper und Geist, mehrere Gehirnareale werden simultan angesprochen (Inhalt, Ort, Bewegungszentrum); sicherlich auch fehlender Druck, die lockere, eher lustige Atmosphäre und die Möglichkeit, sich den Fangpartner auszusuchen, daraus resultieren hohe Motivation und positive Emotionalität.

Teilnehmerzahl	Maximal 20 Personen; bei größeren Lehrveranstaltungen: Aufteilung in mehrere Gruppen, damit man sich wenigstens teilweise kennenlernt.
Raum und Ausstattung	Genug Freifläche für die Aufstellung erforderlich.
Material	Tennisball, noch besser ein Softball oder ähnliche weiche Bälle.
Zeitaufwand	15 Minuten

2 Methoden zum Einbringen und Strukturieren des Vorwissens der Studierenden

In diesem Kapitel haben wir die Methoden zusammengefasst, die man gut einsetzen kann, um das bereits in den Köpfen der Studierenden vorhandene Vorwissen abzufragen, dadurch sichtbar zu machen und zu strukturieren.

Wozu ist das gut? In Frontalveranstaltungen kann unterschiedliches Vorwissen eine Hürde sein – deswegen sollte man es gezielt sichtbar machen. Sie setzen mit Ihrem Lehrvortrag ein bestimmtes Vorwissen voraus. Wer das nicht mitbringt – aus welchem Grund auch immer – kann das neue Wissen nicht an passenden Stellen einordnen. Dies erhöht die Wahrscheinlichkeit, dass die neuen Informationen wieder verloren gehen. Es ist also von großer Bedeutung, dass Sie als Lehrende die Studierenden dort abholen, wo sie (von ihrem Wissenshorizont) gerade stehen. Entsprechend sollten Sie am Stand des Vorwissens anknüpfen.

Manchmal ist es allerdings nicht fehlendes Vorwissen, sondern die fachspezifische Begrifflichkeit, die ein Sachgebiet für manche Studierende fremd erscheinen lässt. Hören sie aber die Statements der anderen in eher alltagssprachlicher Ausdrucksform, kommen die notwendigen Assoziationen doch zustande.

Es sollte Ihnen bewusst sein, dass die Inhomogenität in Studierendengruppen nicht nur sichtbar gemacht werden muss. Ihre Aufgabe besteht auch darin, methodisch dafür zu sorgen, dass ein Wissensausgleich unter den Studierenden stattfinden kann. Dafür eignen sich in idealer Weise alle Formen von Gruppenarbeit.

2.1 | Kartenabfrage

Wozu ist das gut? Die Kartenabfrage ist eine Methode, die der Moderationstechnik (vgl. Klebert, Schrader, Straub 2003) zuzuordnen ist. Die Grundidee dabei ist, dass sich jeder Teilnehmer einer Veranstaltung, unabhängig von Hierarchien oder anderen Einstufungen, äußern kann. Sie eignet sich zur Abfrage und Strukturierung des in einer Gruppe vorhandenen Vorwissens und der Erwartungen am Anfang einer Veranstaltung(sreihe) ebenso wie für ein schnelles Brainstorming. Eine Kartenabfrage kann als Basis für eine Gliederung Ihrer Veranstaltung dienen.

Wie funktioniert's? Der Ablauf ist auch bei unterschiedlicher Zielsetzung immer der gleiche, aber durch die Fragestellung werden unterschiedliche Inhalte erzeugt:
- Sie haben Moderationskarten und zwei Pinwände dabei. Die Pinwände bereiten Sie vor: Die Frage (z. B. »Was fällt mir ein, wenn ich an das Fach ... denke?«) steht als Überschrift über den Spalten, ovale Karten mit fortlaufenden Ziffern werden nach dem Prinzip der untenstehenden Grafik angeordnet, so dass Spalten mit etwas mehr als Kartenbreite entstehen.

Beispiel vorbereitete Pinwand

2.1 Methoden zum Einbringen und Strukturieren des Vorwissens

- Sie teilen an die Studenten Rechteckkarten und dicke Stifte aus, lassen die Antworten entsprechend der Überschrift notieren (maximal fünf Worte in maximal zwei Zeilen je Karte, quer; jedes Thema auf eine eigene Karte). Während dieser Zeit wird nicht gesprochen. Wenn alle mit dem Schreiben fertig sind, sammeln Sie die Karten ein und hängen diese im Dialog mit Ihren Teilnehmern in die Spalten an der Pinwand. Die Spalten dienen dazu, die Karten gleich nach übergeordneten Themen zu sortieren: Karten ähnlichen Inhalts kommen in eine Spalte. **Jede Karte zählt**, sie werden nicht übereinander gehängt, und schon gar nicht werden Karten verworfen. Die Ziffern dienen als Platzhalter für spätere Überschriften, die man in Zusammenarbeit mit den Teilnehmern findet (Nummernkarten umdrehen, Überschrift auf die leere Rückseite draufschreiben). In diesem Zusammenhang werden im Laufe des Sortiervorgangs einzelne Karten oft noch anderen Themen zugeordnet, zu denen sie besser passen, und man kann die Ergebnisse dann auch auf einer Pinwand konzentrieren.

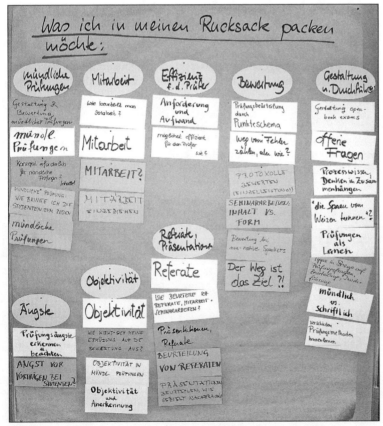

Ergebnis mit Überschriften, auf einer Pinwand zusammengefasst

- Erfahrungsgemäß werden selten mehr als zehn Spalten gebraucht, deswegen sind zwei Pinwände in den meisten Fällen ausreichend.
- In kleinen Gruppen mit bis zu acht Personen oder bei Brainstormings geht es darum, möglichst viele Ideen zu generieren. Hier kann jeder Teilnehmer so viele Karten schreiben, wie er will.
- In großen Gruppen mit bis zu 20 Teilnehmern kann man die Zahl der Karten pro Teilnehmer auf zwei oder drei limitieren.
- In sehr großen Gruppen (mehr als 20 Studierende) kann man Untergruppen zu je vier bis sechs Personen bilden, die gemeinsam z. B. maximal drei Karten abgeben können. Hier schreibt zuerst jeder seine Karten (ebenfalls limitierte Zahl), dann einigt man sich auf die Karten, die abgegeben werden.

Varianten:
- **Variante 1:** Lassen Sie die Gruppe die Karten **selbst clustern** (anordnen). Nur in kleinen Gruppen bis maximal zehn Personen machbar. Dauert länger, aktiviert aber besser.
- **Variante 2:** Sammeln Sie die **Statements bereits vorab** (z. B. per Mail), und stellen Sie sie in einer Übersicht wie oben gezeigt dar. Diese Vorgehensweise spart Zeit in der Veranstaltung, lässt die Teilnehmer aber gespannt und positiv gestimmt ankommen.
- **Variante 3:** Abfrage mit **zwei verschiedenen Kartenfarben**, z. B. gelb/grün. Grün heißt »was ich zum Thema schon weiß«, gelb symbolisiert »was ich dazu hier erfahren möchte«.

Besonderheit der Kartenabfrage ist, dass die Teilnehmer sich und ihre Themen an der »Wand« strukturiert wiederfinden. Sie fühlen sich ernst genommen in ihren Äußerungen.

Mit einer Digitalkamera (mit mindestens vier Megapixel) lässt sich das Ergebnis leicht dokumentieren.

Teilnehmerzahl	Bis zu 30 Personen, allerdings dann in Kleingruppen und mit begrenzter Kartenzahl je Gruppe (wie oben geschildert).
Raum und Ausstattung	Begrenzender Faktor ist die Größe der Karten und deren Lesbarkeit, also sollte der Raum nicht größer sein als etwa 60 bis 70 qm. Gruppen sollten sich zusammenfinden können. Zwei Pinwände.
Material	Bespannungspapier, Moderationskarten in eckigem und ovalem Format, Moderationsmarker, Pinwandnadeln. Sie haben keine Pinwände? Kleben Sie die Karten mit Malerkrepp an die Tafel. Wichtig ist, dass man sie jederzeit umsortieren kann!
Zeitaufwand	Meist eine halbe Stunde bei 15 Personen, häufig eher mehr.

2.2 | Wissenspool

Ziel des Wissenspools ist das Sammeln von Ideen, Meinungen, Vorerfahrungen usw. Mit seiner Hilfe können Sie die Studierenden ganz schnell auf ein Thema einstimmen. Merkmal der Methode ist, dass die Studierenden vorhandenes Vorwissen einbringen können und gleichzeitig assoziatives Denken üben.

Bei einer Erwartungsabfrage gilt: **Erwartung abfragen weckt Erwartung!** Eine höhere Motivation ist dann die Folge.

Wozu ist das gut?

Schreiben Sie einen Begriff oder eine Frage in die Mitte der Tafel (Pinwand, Flipchart, Folie) und ziehen Sie einen Kreis darum. Ziehen Sie – von dieser Mitte ausgehend – für jedes Ihnen zugerufene Item einen Strich und schreiben Sie den Begriff entlang des Striches hin. Die zugerufenen Begriffe reihen sich am Ende sternförmig um das zentrale Thema, ohne innere Ordnung oder bestenfalls mit drei bis vier »Feldern« zusammengehöriger Punkte. Verzichten Sie bitte bewusst auf eine Strukturierung (dafür gibt es bessere Methoden: Kartenabfrage, Mindmap, Kugellager usw.), hier soll es ganz schnell gehen.

Wie funktioniert's?

Wissenspool: Was verbinden Sie mit dem Wort Lernen?

- Wählen Sie als Überschrift einen bekannten, nicht zu abstrakten Begriff, der innerhalb des Erfahrungshorizonts der Studenten liegt. Sie können sich sonst nur schwer etwas darunter vorstellen, und aus dem Pool wird ein eher zäher Prozess. Folgende Fragehorizonte bieten sich an:
  1. Als Erwartungsabfrage: »Welche Inhalte verbinden Sie mit dem Fach, und was möchten Sie konkret dazu wissen?«
  2. Als Vorwissensabfrage: »Was fällt Ihnen ein, wenn Sie die Bezeichnung des Lehrfaches hören?« oder »Welche Erlebnisse verbinden Sie mit ...?«
  3. Als »paradoxe« Einstiegsfrage »Stellen Sie sich vor, es gäbe in unserem Leben keine ... (Chemie, Technische Mechanik, Statistik usw.).«

- Achten Sie vorsichtig-wertschätzend darauf, dass die Studenten nicht zu weit vom Thema abschweifen.
- Sie können als Lehrperson den Wissenspool mit fehlenden Inhalten zum Thema anreichern. Warten Sie allerdings damit, bis von den Studenten kaum noch Beiträge kommen – sonst verfehlen Sie das Ziel des Wissenspools!

Weitere Varianten:
Geben Sie erst eine Minute Zeit zum stillen Nachdenken, bevor Sie mit dem Sammeln von Stichworten beginnen.

Bei zurückhaltenden Gruppen empfiehlt sich sogar eine vorgeschaltete Murmelgruppe (S. 35), bevor im Plenum gesammelt wird.

Teilnehmerzahl	Beliebig
Raum und Ausstattung	Tafel oder Whiteboard oder auch Tablet-PC mit Beamer
Material	Kreide, Stifte
Zeitaufwand	Fünf bis zehn Minuten

2.3 | Mindmap

Ähnlich wie beim Wissenspool: schnelles Sammeln von Ideen, Meinungen, Vorerfahrungen usw., hier aber gleich in einer grafischen Struktur.

Wozu ist das gut?

Im Prinzip handelt es sich bei einem Mindmap um eine strukturierte Form des Wissenspools. Jeder von der Mitte ausgehende Haupt-Ast symbolisiert die oberste Gliederungsebene, daran werden Äste und Unter-Äste geknüpft, um eine tiefer gehende Ordnung und Strukturierung des Stoffes zu erreichen.

Wie funktioniert's?

- Sie schreiben das Thema in die Mitte der Tafel oder einer Pinwand und ziehen ein Oval darum. Für den ersten Begriff, der Ihnen zugerufen wird, setzen Sie rechts oben einen Haupt-Ast und schreiben die passende Kategorie daran, dann malen Sie den Unter-Ast mit dem Begriff dazu.
- Neue Haupt-Äste werden im Uhrzeigersinn angefügt.
- Wenn Sie zunächst großzügig Abstand lassen, können sie weitere passende Themen-Äste auch zwischen bestehende Äste einfügen.
- Sie können leere Haupt-Äste schon im Grundbild mit vorbereiten, und dann die zugerufenen Begriffe an zu malende Unter-Äste schreiben. Suchen Sie dann die Bezeichnungen für die Haupt-Äste mit den Studierenden gemeinsam im Dialog.

Es gibt dafür sehr nützliche (und teilweise kostenlose) Software zum Download im Internet, z. B. Freemind (http://freemind.sourceforge.net). Für deren Live-Einsatz in der Lehrveranstaltung empfehlen wir ein hohes Maß an Vorübung. Überlegen Sie bitte im Vorfeld, wie sie mit der Mindmap weiterarbeiten wollen. Bitte bedenken Sie in diesem Zusammenhang: Alles, was auf Papier entsteht, z. B. auf der Pinwand, bleibt dem Plenum während der ganzen Veranstaltung erhalten. Was mit dem PC über Beamer an die Wand projiziert wird, ist sofort verschwunden, sobald Sie etwas anderes zeigen wollen. Von Vorteil ist allerdings, dass die Ergebnisse elektronisch gespeichert und damit viel leichter zu verteilen, nachzubearbeiten oder wieder mitzubringen sind.

Wenn Sie interaktiv arbeiten wollen: maximal 30 bis 40 Personen.

Teilnehmerzahl

Beliebig; eventuell Tafel, Whiteboard, Pinwand, Tablet-PC oder Laptop mit Beamer.

Raum und Ausstattung

Kreide oder Stifte

Material

10 bis 20 Minuten, je nach Umfang und Komplexität

Zeitaufwand

2.4 | Kugellager oder Raupenschlepper

Wozu ist das gut? Mit der Methode »Kugellager« kann vorhandenes Wissen schnell in allgemein verwertbare, gut strukturierte Ergebnisse umgesetzt werden. Sie dient gleichzeitig dazu, einen intensiven Wissenstransfer unter den beteiligten Personen zu betreiben.

Praktische Anwendung in der Lehrveranstaltung ergibt sich immer dann, wenn es um Zusammenfassungen geht – bis hin zur Vorbereitung auf die Prüfung (wobei die Bearbeitungszeit dann auch etwas länger sein sollte, als unten angegeben).

In der Langform (s. Prinzipskizze Var. 2 unten) haben wir die Methode »Raupenschlepper« genannt. Die ebenfalls treffende Bezeichnung »Speed Dating« verdanken wir einer Studentengruppe.

Wie funktioniert's?
- Teilen Sie das zu bearbeitende Thema in maximal sechs Unterthemen auf (Beispiel: Sie wollen in einer der Lehrstunden vor der Prüfung die sechs Hauptkapitel der Lehrveranstaltung noch einmal zusammentragen lassen).
- Stellen Sie einen eng geschlossenen Stuhlkreis aus so vielen Stühlen wie Unterthemen (also maximal sechs) mit nach außen zeigenden Sitzflächen auf. Positionieren Sie dann jedem Stuhl gegenüber einen zweiten mit der Sitzfläche nach innen. Bitten Sie nun Ihre Studierenden, Platz zu nehmen.

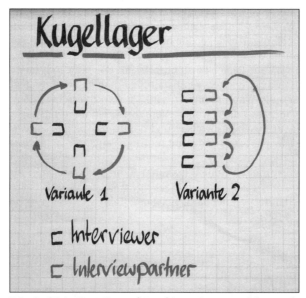

Prinzipskizze Kugellager (Var. 1) bzw. Raupenschlepper (Var. 2)

- Jedes Unterthema wird als Überschrift auf eine Overheadfolie im Querformat geschrieben, die Folien werden an die im Innenkreis sitzenden Studenten verteilt. Diese sind die Interviewer, die nun ihr Gegenüber zum Unterthema befragen sollen. Was dem Interviewpartner zum jeweiligen Thema einfällt, wird auf der Folie notiert.
- Nach einer angemessenen Arbeitszeit, die so bemessen ist, dass man zwar einige Ideen zusammentragen kann, aber beileibe noch nicht alles gesagt ist, geben Sie ein Signal. Nun rückt der Außenkreis im Uhrzeigersinn um einen Stuhl weiter. Die Personen außen wandern also zu einem neuen Thema bzw. Interviewer.

Volle Konzentration beim Kugellager

- Die innen sitzenden Interviewer informieren nun erst mal ihr neues Gegenüber darüber, was sie schon notiert haben. Dann wird die Befragung fortgesetzt und die Antworten werden wiederum notiert. Man rotiert, bis der Außenkreis einmal ganz herum ist.

Noch einige praktische Hinweise:
- Der Zeitbedarf wächst von Station zu Station, weil die Außenkreispersonen vom Interviewer zu Beginn des Gesprächs immer erst über die bereits mit den anderen besprochenen Inhalte informiert werden müssen. Beginnen Sie mit einem relativ kurzen Zeitlimit, z. B. zwei Minuten, damit das Thema nicht bereits im ersten Durchgang erschöpfend behandelt werden kann, und steigern Sie dann je Durchgang um eine halbe Minute.

- Maximal sollten je Kugellager sechs Themen (mit zwölf Teilnehmern) behandelt werden. Bei größeren Gruppen kann man mehrere Kugellager mit gleichen, aber auch verschiedenen Themen parallel laufen lassen.
- Bei parallel laufenden gleichen Themen werden die Ergebnisse dann von je einem Kugellager exemplarisch präsentiert und von den anderen bei Bedarf ergänzt.
- Wenn die Zahl der Studierenden nicht aufgeht, besetzen Sie ein paar Interviewplätze außen doppelt, oder lassen Sie, wenn Sie mehrere Kugellager zu den gleichen Themen parallel laufen lassen, ein bis zwei Themen in einem Parallelkugellager wegfallen.
- Bei mehr als sechs Themen empfiehlt sich, anstatt der aufeinander abfolgenden (und dann in ihrer Fülle langweiligen) Präsentationen eine andere Methodik anzuwenden, wie z.B. der Infomarkt (S. 30) oder die unten aufgeführte Präsentationsvariante.
- Man muss den Außenkreis nicht immer vollständig rotieren lassen. Manchmal sind schon drei bis vier Platzwechsel ausreichend.
- Ergebnisse aus einem Kugellager können Ausgangspunkt für weitere Arbeitsschritte sein.

Variante:
Üblicherweise sind Räume an der Hochschule durch Tische und Stühle blockiert. Hier bietet sich als Alternative zum Kugellager der »Raupenschlepper« an:

Hier die Langform: der Raupenschlepper

2.4 Methoden zum Einbringen und Strukturieren des Vorwissens

- Bitten Sie die Studierenden der ersten, dritten, fünften (...) Reihe, sich zur zweiten, vierten, sechsten (...) umzudrehen.
- Es sollten sich auch hier wieder maximal sechs plus sechs Personen in zwei Reihen gegenübersitzen. Die geradzahligen Reihen sind die Interviewer, die ihr Gegenüber befragen.
- Auf Ihr Signal hin rutschen alle Befragten um einen Stuhl weiter z. B. in Richtung Fenster. Der bereits am Fenster Sitzende geht zum frei gewordenen Stuhl auf der anderen Seite der Reihe und wird dort weiter befragt (s. Prinzipskizze, S. 14).

Variante zur Präsentation der Ergebnisse:
- Das Kugellager oder der Raupenschlepper werden wie beschrieben durchgeführt, die Interviewer notieren die Antworten der Befragten jedoch auf einem beliebigen Blatt Papier.
- Nach der letzten Station bekommt jedes sich gegenübersitzende Paar die Aufgabe, die zusammengetragenen Inhalte auf der linken Seite einer Pinwand, die in der Mitte durch einen senkrechten Strich geteilt ist, strukturiert darzustellen.
- Diesen Inhalten wird auf der rechten Seite die »Expertenmeinung« zum Thema angefügt. Am schnellsten kann dies dadurch geschehen, dass Sie zu jedem Thema eine passende Flipchart dabeihaben, die sie nun danebenhängen. Alternativ dazu können Sie vorbereitete Moderationskarten an die jeweils passenden Statements der Studierenden rechts dazuhängen – dies hat den Vorteil, dass Sie auf die Strukturvorgabe der Studierenden eingehen können.
- Fragen Sie nach, wo die Gemeinsamkeiten und Unterschiede liegen.
- Wichtig bei dieser Art der Gegenüberstellung ist die Wertschätzung der Arbeitsergebnisse der Studierenden. Sie werden allerdings erstaunt sein, wie gut und durchdacht die doch recht schnell erarbeiteten Inhalte sein können. Das signalisiert uns deutlich, welche Potenziale durch kommunikative Arbeit mobilisiert werden!

Acht bis zwölf Personen je Kugellager/Raupenschlepper, bei größeren Teilnehmerzahlen parallel das Vielfache davon. Mit mehr als drei Kugellagern muss die Verteilung des gesammelten Wissens großgruppengerecht organisiert werden (z. B. mit Infomarkt, S. 30).	Teilnehmerzahl
Übliche Seminarraumausstattung mit beweglichen Stühlen und Tischen.	Raum und Ausstattung
Overheadfolien und entsprechende Stifte	Material
Die Gesamtdauer variiert je nach Themenkreis und Personenzahl zwischen etwa 30 Minuten und einer Stunde – ohne die Präsentation der Ergebnisse (je etwa fünf Minuten pro Unterthema). Als Zeitwächter sollte man die Gratwanderung zwischen »Ausschweifen lassen« und »zu frühem Abwürgen« sensibel angehen. In größeren Gruppen benötigt man mehr Zeit für die Bildung der Gruppen und die Wissensverteilung.	Zeitaufwand

2.5 | Aufstellung (2): Unterschiedliche Vorkenntnisse erkennen

Wozu ist das gut? Im Kapitel 1.2 (S. 5) verwenden wir die Aufstellung als Einstiegsmethode. An dieser Stelle sollen nun unterschiedliche Vorkenntnisse für Sie und Ihre Studierenden erkennbar werden.

Wie funktioniert's? Die Gruppenmitglieder sortieren sich bei der Aufstellung in der Regel entlang einer gedachten Linie im Raum. Diese beginnt z. B. ganz vorn an der Tafel und endet hinten an der Wand. Sie als Dozent geben die Kriterien vor, nach denen sich die Studierenden in einer Reihe aufstellen sollen. Die Anweisung kann hier lauten: »Wenn Sie mit dem Thema … noch nie zu tun hatten, stellen Sie sich bitte ganz vorne an die Tafel; wer schon sehr häufig damit in Berührung gekommen ist und damit vertraut ist, der stellt sich bitte da hinten auf. Die anderen ordnen sich entsprechend dazwischen an.« Wenn die Studierenden dann an ihren Plätzen stehen, sollen sie sich kurz mit den Nachbarn über ihren Kenntnisstand unterhalten, und eventuell ihren Standort noch einmal austauschen. Es hat sich bewährt, dass Sie zu einzelnen Personen hingehen und sie in kleinen Interviews befragen, warum sie sich genau an dieser Stelle räumlich zugeordnet haben, wo sie mit der Materie zu tun oder welche Erlebnisse sie damit hatten.

Wichtiger Hinweis: Vermeiden Sie Formulierungen wie »Wer von … keine Ahnung hat« – denn das gibt niemand gerne zu!

Teilnehmerzahl, Raum und Ausstattung Eigentlich unbegrenzt, soweit die räumliche Situation genügend Platz bietet. In großen Gruppen nutzt man die Verkehrsflächen; beachten Sie allerdings, dass der Zeitaufwand überproportional groß wird, und dass die Anzahl der Interviews, die sie mit den Studenten führen können, deswegen begrenzt ist.

Material Für diese Methode braucht man weder Material noch Vorbereitungszeit.

Zeitaufwand Bei 20 Personen 10 bis 15 Minuten, bei 50 Personen etwa 20 Minuten, bei 150 Personen 30 bis 40 Minuten.

3 Methoden zum Erwerb und zur Verteilung neuen Wissens

Man kann mit verschiedenen Lehrmethoden den Lernenden ermöglichen, sich neues Wissen selbst anzueignen. Häufig geschieht der Wissenserwerb in mehreren Arbeitsgruppen mit unterschiedlichen Themen, so dass für die Wissensverteilung auf alle Studierenden weitere Methoden benötigt werden. Im Folgenden beschreiben wir ausschließlich solche Methoden, die innerhalb des an Hochschulen verbreiteten Rasters von anderthalb Zeitstunden angewendet werden können. Damit vermeiden Sie, dass es auch bei Ihnen heißt: »Wenn alles schläft und einer spricht, das nennt man Hochschulunterricht«.

3.1 | Kleingruppenarbeit

SLZ

Hier ist der Ablauf für eine kurze Unterrichtseinheit (bis zu einer Doppelstunde) in Kleingruppen innerhalb einer sonst eher frontalen Arbeitssituation beschrieben (vgl. Pädagogisches Institut der deutschen Sprachgruppe Bozen 2003).

Ziel einer Kleingruppenarbeit ist nicht nur der **Erwerb von Wissen**, sondern gleichzeitig auch das **Erarbeiten von Kompetenzen**. Diese Kompetenzen können fachbezogen sein; sie entstehen dann durch den Umgang der Studierenden mit den Lerninhalten entsprechend der durch die Lehrperson vorgegebenen Arbeitsaufträge.

Wozu ist das gut?

Gleichzeitig dient die Kleingruppenarbeit aber immer auch dem **Erwerb überfachlicher Qualifikationen:** Zeitmanagement, soziale und kommunikative Kompetenzen innerhalb der Gruppensituationen, Recherche- und Präsentationskompetenzen. Nicht zuletzt werden das Hinterfragen und der kreative Umgang mit dem Lernstoff geübt.

- Geben Sie einen kurzen Input zum Thema, z. B. ein Referat von maximal 15 Minuten Dauer, oder einen kurzen Text zum Lesen, maximal zwei Seiten. Bereiten Sie dazu Fragen und/oder Handlungsanleitungen vor, die Sie an die Studenten austeilen.
- Wenn Sie in Räumen mit Tischreihen und Stühlen arbeiten, sorgen Sie dafür, dass die erste Reihe der Studierenden sich zur zweiten umdreht, die dritte zur vierten, die fünfte zur sechsten usw. Teilen Sie die Reihen quer so ein, dass immer etwa vier bis maximal sechs Personen eine Gruppe bilden. Bei fester Bestuhlung funktioniert das für zeitlich kurze Arbeiten oft so ähnlich, wenn immer eine Reihe aufsteht und sich zur hinteren umdreht.

Wie funktioniert's?

- Geben Sie jeder Gruppe:
  - Moderationskarten und passende Stifte, damit sie Fragen zu Ihrem Vortrag oder Text aufschreiben können; diese werden von Ihnen zu einem geeigneten Zeitpunkt (entweder in der Gruppe oder im Plenum) beantwortet. Tipp: Wenn Sie für diese Karten eine allen Gruppen zugängliche Pinwand aufstellen, eröffnet Ihnen das die Möglichkeit, auch bei großen Gruppen eine gute Betreuung zu gewährleisten;
  - und/oder Overheadfolien und -stifte, dann können ein bis zwei Studierende das Ergebnis präsentieren; sollen die Ergebnisse gleichzeitig im Raum präsent sein, teilen Sie Flipchartpapier und passende dicke Stifte (»Moderationsmarker«) aus zum Erstellen von Plakaten mit den erarbeiteten Inhalten – diese lassen sich mit Malerkrepp an die Wand kleben.
  - Gehen Sie während der Arbeitsphase durch die Reihen, beantworten Sie Fragen. In größeren Veranstaltungen mit mehr als 40 Teilnehmern kann es sinnvoll sein, nur einfachere Fragen direkt zu beantworten, und bei mehreren Gruppen aufgetretene Fragen von vorne für alle zu beantworten (s. dazu den obigen Tipp, eine Pinwand für die Karten aufzustellen).

Kleingruppenarbeit im Basisseminar Hochschuldidaktik

Methoden zum Erwerb und zur Verteilung neuen Wissens

- Korrigieren Sie, falls die Ergebnisse sachliche Fehler enthalten, aber so, dass die Studenten Ihre Eingriffe verstehen und akzeptieren können – eine bewährte Methode: Führen Sie die Studenten über mehrere aufeinanderfolgende Fragen auf den richtigen Sachverhalt hin.
- Fassen Sie am Schluss die wesentlichen Inhalte noch einmal kurz zusammen.

Zusätzlicher Hinweis:
Wenn den Studenten diese Arbeitsweise noch nicht vertraut ist, kann es sinnvoll sein, die Zeiten für die thematische Arbeitsphase und die Präsentationsausarbeitung getrennt anzugeben und zum entsprechenden Zeitpunkt ein Signal zu geben (z.B. »Schließen Sie jetzt bitte die Diskussion und beginnen Sie mit der Erstellung der Folien bzw. Plakate.«).

Wir haben gute Erfahrungen mit bis zu 70 Studierenden gesammelt, denkbar sind aber auch noch größere Teilnehmerzahlen. Bis zu 40 Studenten kann man bei geeigneter Raumausstattung im Direktkontakt betreuen.	Teilnehmerzahl
Tische und Stühle, eventuell auch Pinwände für die Ergebnisplakate; in fest bestuhlten Hörsälen nur für relativ kurze Arbeitsphasen von bis zu 10 Minuten, da ein Teil der Studenten stehen muss.	Raum und Ausstattung
Plakate (Flipchart- oder Pinwandpapier), Moderationsstifte; Input-Material wie z.B. Kopien aus Zeitschriften, andere Texte, Thesen sowie Fragen dazu.	Material
Nicht unter einer halben Stunde. Erfahrungsgemäß haben Studierende an Hochschulen vor allem dann einen hohen Zeitbedarf, wenn Sie etwas lesen sollen (sechs bis zehn Minuten je DIN-A-4- Seite!).	Zeitaufwand

3.2 | Sandwich-Methode

Wozu ist das gut? Die Studierenden sollen sich im **Wechsel zwischen Theorie und Anwendung** in eine Materie hineinarbeiten. Durch aktive Phasen zwischen (kurzen) Theorieeinheiten wird eine größere Arbeitstiefe im Gehirn erreicht als bei rein frontaler Beschallung.

Wie funktioniert's? Ein Sandwich besteht realiter aus Boden, Deckel und Belag. Was heißt das für unsere Methode?

- Der **Boden** entsteht durch kurzes Andeuten einer Aufgabenstellung oder eines Praxisfalls mit der Bitte an die Studierenden (eventuell in Murmelgruppen, S. 35) darüber nachzudenken, wie die Aufgabenstellung gelöst werden könnte, oder welche Methoden und Tools man zur Lösung benötigt. Da das Thema neu ist, und die Theorie dazu erst hinterher folgt, geht es zunächst einmal nur um das Nachdenken über mögliche Ansätze, nicht um perfekte Lösungen. Die Ideen der Studierenden ruft man dann ab – in sehr großen Gruppen nur stichprobenartig.
- Der **Belag** besteht nun in der Theorie zum konkreten Fall. Sie beginnen mit der Frage »Wollen Sie nun wissen, wie man im richtigen Leben an das Thema herangeht?« und erklären die Arbeitsmethoden, Berechnungsverfahren bzw. andere Grundlagen dazu, also alle notwendigen Hintergrundinformationen, die man zur Lösung des Falles benötigt.
- Damit kann nun der **Deckel** als Krönung der Komposition aufgelegt werden: Er besteht darin, dass die Studierenden das soeben erworbene Wissen anwenden, um den Fall bzw. die Aufgabe zu lösen.

Der Vorteil dieser Systematik ist einerseits eine hohe Motivation der Studierenden, die sich aus dem Spannungsbogen des Anfangs (»Wie könnte das wohl funktionieren?«) ergibt. Andererseits wird durch die Anwendung am Ende der Transfer des zunächst theoretischen Wissens in eine tatsächliche Kompetenz gefördert.

Sandwiches kann man mit mehr als einer Zwischenlage gestalten. Dazu sollte der Wechsel zwischen studentischer (Gruppen-)Arbeit und Input mehrfach wiederholt werden, bei jedem Mal dringen die Studierenden dann ein Stück tiefer in die Materie ein.

Anwendungsbeispiel aus einem technischen Fach:
Sie stellen den Studierenden eine neue Aufgabe aus der Praxis/aus dem Fachgebiet vor, die diese mit dem bisher vorhandenen Wissen noch nicht lösen können. Dabei kann es sich z. B. um die Auslegung eines Pumpenantriebs handeln. In Kleingruppen (Murmelgruppen) sollen die Studierenden nun mögliche praktische Lösungsansätze (Herangehensweisen und notwendigen Informationsbedarf, keine Lösungen!) entwickeln. Diese lassen Sie sie kurz vorstellen, in großen Veranstaltungen nur stichprobenweise, nicht von allen Gruppen.

Methoden zum Erwerb und zur Verteilung neuen Wissens

Sie stellen unter Einbezug und Würdigung der von den Studenten entwickelten Ansätze die theoretischen Grundlagen zur Lösung der Aufgabe vor. Das wird im Beispiel wohl ein Berechnungsverfahren unter Berücksichtigung verschiedener ingenieurtechnischer Parameter sein.

Die Studenten sollen nun – wiederum in Kleingruppen (Murmelgruppen) – die tatsächliche Lösung der Aufgabe anpacken, sprich, den Antrieb rechnerisch dimensionieren.

Variante:
Für die Gestaltung der Selbstlernzeit wird entweder der „Boden" oder der „Deckel" außerhalb der Präsenzzeit von den Studierenden bearbeitet.

Bis zu 40 Studierende kann man bei geeigneter Raumausstattung im Direktkontakt betreuen, so lassen sich auch schwierigere Aufgaben von Gruppen mit bis zu sechs Personen bearbeiten. Die Methode ist aber auch bei sehr großen Gruppen anwendbar, dann aber nur in Zweier-/Dreiergruppen, für die kein Ortswechsel erforderlich ist. — *Teilnehmerzahl*

Raum beliebig, Erreichbarkeit der einzelnen Gruppen wünschenswert (s. Teilnehmerzahl). — *Raum und Ausstattung*

Eventuell vervielfältigte Aufgabenstellung zum Austeilen. — *Material*

Für einen »einfachen Sandwich« aus Boden, Belag und Deckel sollten Sie mit etwa 45 Minuten rechnen. Der Zeitbedarf korreliert hier allerdings sehr stark mit dem Schwierigkeitsgrad der Thematik. — *Zeitaufwand*

3.3 | Snowballing

Wozu ist das gut? Lernziele sind: die methodische Analyse von Aufgabenstellungen, Lösungen finden, argumentieren, sich durchsetzen lernen.

Wie funktioniert's? Snowballing ist sozusagen die verdoppelte Murmelgruppe (S. 35): Geben Sie den Studierenden eine (durchaus komplexe) Problemstellung oder teilen Sie verschiedene Lerntexte aus. Lassen Sie diese 20 bis 30 Minuten lang in Zweiergruppen analysieren und lösen. Zur Gestaltung der Selbstlernzeit kann z.b. dieser Teil in Hausarbeit erfolgen. Klären Sie die Studierenden aber gleich über den folgenden methodischen Ablauf auf.

Nun schließen Sie je zwei Zweiergruppen zu einer Vierergruppe zusammen. Geben Sie weitere 20 bis 30 Minuten für die gegenseitige Vorstellung der erarbeiteten Lösungen und eine begründete Diskussion der Unterschiede. Vorgabe: Die beiden Gruppen sollen sich auf eine gemeinsame Lösung einigen.

Anschließend erfolgt eine Präsentation der Ergebnisse im Plenum. Man kann im Nachgang schriftliche Ausarbeitungen über den gemeinsamen Lösungsweg der beiden Ursprungsgruppen erstellen lassen. Darin sollte vor allem begründet werden, warum dieser besser ist als die ursprünglichen Lösungen.

Die Methodik kann auch über den Zusammenschluss zweier Vierer- zu einer Achtergruppe erweitert werden. Ähnlich funktioniert Think – Pair – Share (S. 25).

Teilnehmerzahl Bis zu 40 Studenten kann man bei geeigneter Raumausstattung im Direktkontakt betreuen. Auch in sehr großen Gruppen anwendbar, abhängig von der Bestuhlung – Gibbs et al. (1988, S. 124) sprechen sogar von bis zu 400 Personen.

Raum und Ausstattung Raum beliebig, Erreichbarkeit der einzelnen Gruppen wünschenswert (s. Teilnehmerzahl).

Material Lerntexte, Problemstellung in geeigneter Form

Zeitaufwand Eine Doppelstunde. Die Zeitangaben sind relativ zu den Inhalten zu sehen: Ist die Aufgabenstellung einfach, kann man auch jeweils nur fünf (Zweiergruppe) oder plus zehn Minuten (Vierergruppe) Lösungszeit mit anschließendem Plenum geben.

3.4 | Think – Pair – Share

Vertiefte aktive Bearbeitung von Aufgabenstellungen, Lösungen finden, argumentieren und sich durchsetzen lernen.

Wozu ist das gut?

In der ersten, der **Think**-Phase, sollen die Studierenden jeweils still und einzeln für sich über eine bestimmte Frage oder Aufgabenstellung nachdenken. Eventuell ist es sinnvoll, dass sie ihre Antwort in Stichworten notieren.
   Die zweite, die **Pair**-Phase, besteht darin, dass sie sich paarweise ihre Antworten bzw. Lösungen mitteilen. Dabei sollten die Studierenden vergleichen, worin die Unterschiede und/oder Gemeinsamkeiten ihrer Argumente bestehen.
   In der dritten, der **Share**-Phase, werden die Antworten einem anderen Paar vorgestellt. Hierzu ist es gut, wenn die Paarmitglieder der zweiten Phase die Antwort oder Lösung des jeweils anderen Paarmitgliedes vorstellen. Dabei merken die Studenten auch, ob sie sich gegenseitig richtig verstanden haben, und können in eine Diskussion wie in Phase zwei einsteigen.
   Zur Nutzung für die Selbstlernzeit wird am Ende einer Präsenzeinheit die Think-Phase durchgeführt. Das »Pairing« findet dann in der Selbstlernzeit statt, die Share-Phase zu Beginn der nächsten Präsenzzeit.

Wie funktioniert's?

Bis zu 40 Studenten kann man bei geeigneter Raumausstattung im Direktkontakt betreuen. Auch in sehr großen Gruppen möglich, jeweils mit Zweiergruppen in unmittelbarer Nachbarschaft und abhängig von der Bestuhlung.

Teilnehmerzahl

Raum beliebig, Erreichbarkeit der einzelnen Gruppen wünschenswert (s. Teilnehmerzahl).

Raum und Ausstattung

Lerntexte, Problemstellung in geeigneter Form

Material

Je nach Schwerpunkt in Zielsetzung und Thematik von 15 Minuten bis zu einer Doppelstunde.

Zeitaufwand

3.5 | Gruppenpuzzle oder Jigsaw

Wozu ist das gut? Nach dem Motto »Teaching is Learning Twice« funktioniert die Methode »Jigsaw« (jigsaw puzzle = Puzzlespiel). Jeder Teilnehmer erwirbt sich Wissen, und gibt es an andere weiter. Dadurch werden mehrere Kompetenzen gleichzeitig geschult: richtig Zuhören, Nachfragen, sich in der Gruppe mit Kommilitonen auseinandersetzen, Erklären und auf andere eingehen, das Wesentliche erkennen usw.

Wie funktioniert's?
1. Bereiten Sie bereits zuhause vier bis sechs Texte über den Lernstoff vor.
2. Lassen Sie im Plenum Abzählen (von 1 bis n; n = Anzahl Ihrer Texte). Dadurch ergeben sich zunächst Gruppen nach dem Muster 123456, 123456 usw. (die sogenannten »Austauschgruppen«).
3. Nun sollen sich alle Studierenden mit gleicher Nummer an einem Ort treffen (also z. B. alle »Einser« (111111) in der vorderen rechten Ecke, alle »Zweier« (222222) in der hinteren rechten Ecke usw.). Die so gebildeten »Arbeitsgruppen« lesen die ihnen ausgehändigten Texte (die »Einser« Text 1 usw.) und tauschen sich darüber aus. Sie versuchen sich den Inhalt zunächst gegenseitig zu erklären, offene Fragen können mit dem Dozenten geklärt werden. Jedes Gruppenmitglied fertigt für sich ein visualisiertes Protokoll zur Verwendung im nächsten Arbeitsschritt an. Die Zeitvorgabe ist abhängig von der Aufgabenstellung. Wichtig: Machen Sie die Studierenden vorab darauf aufmerksam, dass sie die Inhalte so weit verstanden haben sollten, dass jeder in der Lage ist, sie anderen erklären zu können!
4. Alle gehen wieder in die »Austauschgruppen« 123456 und somit an ihre ursprünglichen Plätzen zurück. Jedes Gruppenmitglied erklärt nun den anderen den Inhalt seines Textes. Dazu ist natürlich hilfreich, wenn jeder diese, wie im vorherigen Schritt beschrieben, für sich aufbereitet hat. Es soll sich aber nicht um eine Präsentation, sondern um ein Lehrgespräch handeln. Rück- und Nachfragen der anderen sind ausdrücklich erwünscht – und zwar so lange, bis wirklich jeder alles verstanden hat.
5. Zum Schluss der Übung ist es sinnvoll, wenn alle Teilnehmer sämtliche Arbeitsaufträge und die dazu erarbeiteten Ergebnisse erhalten.

Weitere Varianten und Anregungen:
- Anstatt Texte lesen kann man den Gruppen in Schritt 3 der obigen Reihenfolge einen Arbeitsauftrag anderer Art geben, z. B. dass sie sich mit einer Praxissituation (Fallstudie) auseinandersetzen. Schritt 4 beinhaltet dann die Mitteilung über den Inhalt und die Ergebnisse des Auftrags an die anderen.
- Je komplexer die Aufgabenstellung, umso mehr Zeit muss man dem Plenum geben. Idealerweise sollte die Zeit dazu ausreichen, dass in Schritt 3 und 4 jeder alles verstehen kann.

3.5 Methoden zum Erwerb und zur Verteilung neuen Wissens

- Man kann diese »Wechselgruppen« auch als Grundorganisation für eine semesterlange Zusammenarbeit zum (nun selbstorganisierten) Lernen der Studenten benutzen. Man muss ihnen allerdings erklären, wozu das gut sein soll, und es mit ihnen mehrmals üben.
- Die Kleingruppen sollten deshalb zwischen vier und sechs Personen umfassen, weil bei weniger Teilnehmern oft eine Person zu stark dominiert, bei mehr Studenten aber die Gruppe leicht in mehrere Teilgrüppchen zerfallen kann.
- Ihre Semestergruppe ist größer als 16, 25 oder 36 Studenten, und Sie wollen/müssen mit Parallelgruppen arbeiten? Dann lassen Sie eben bis acht, zehn oder zwölf zählen, und die jeweils zweite Hälfte dieser Zählreihe ist eine weitere Gruppe mit der gleichen Aufgabe wie die erste Hälfte. Beispiel: Nummer 1 bis 4 ist eine Gruppe, 5 bis 8 die zweite. Die 1er und 5er erhalten die gleiche Aufgabe, die 2er und 6er usw. Je mehr Personen Sie managen, umso eindeutiger müssen die Handlungsanweisungen sein (die Orte, an denen sich die Gruppen treffen, Arbeitszeit usw.), sonst scheitert die Übung aus logistischen Gründen.
- Die Anzahl der Studierenden ist ungerade (z. B. 19), so dass es bei der Gruppeneinteilung nicht aufgeht? Nehmen Sie die nächstniedrigere passende Anzahl (im Bsp. 16), und teilen Sie so ein, dass in der zweiten Runde (»Austauschgruppe«) jedes Thema in jeder Gruppe mindestens durch eine Person besetzt ist. Die überzähligen Personen ordnen sich dann einzeln beliebig den Gruppen zu. Wichtig: In den Austauschgruppen am Schluss muss jeder Text durch mindestens eine Person repräsentiert sein. Es sollte aber im Idealfall pro Gruppe auch nicht mehr als ein Text doppelt besetzt sein. Bsp.: Bei 19 Personen und vier Texten setzen sich die Austauschgruppen wie folgt zusammen: 1234; 11234; 12234; 12334.
- In idealer Weise eignet sich diese Methode auch in studentischen Lerngruppen zur Prüfungsvorbereitung.

Teilnehmerzahl

Wir haben gute Erfahrungen in Gruppen bis zu 36 Personen gemacht. Im Prinzip lässt sich die Methode mit Parallelgruppen aber auch in großen Veranstaltungen einsetzen. Dazu wird die Methode leicht abgeändert: Je drei beieinander sitzende Studierende (s. Murmelgruppe, S. 35) sind eine Austauschgruppe. Jeder der drei bereitet sich alleine am Platz inhaltlich vor und bringt seine Inhalte den anderen beiden ohne Ortswechsel bei. Wir schlagen vor, die Übung zunächst in kleineren Gruppen auszuprobieren (z. B. mit 25 Studierenden). Steigern Sie sich dann Schritt für Schritt – und teilen Sie den Autoren Ihre neue Rekordzahl mit!

Raum und Ausstattung

Die Bestuhlung sollte den Gruppenwechsel in den einzelnen Arbeitsphasen ohne großen Aufwand ermöglichen, im fest bestuhlten Saal nur mit der abgewandelten Fassung (s. Abschnitt Teilnehmerzahl); zur Erläuterung Tafel, PC/Beamer oder Flipchart.

Material

Vorbereitete Texte bzw. Aufgabenstellung

| Zeitaufwand | Bei etwa drei Seiten je Text aus einem Fachbuch bei fünf verschiedenen Texten und etwa 25 Teilnehmern sollten Sie für Phase 1 (Lesen und Vorbereiten) 30 Minuten und Phase 2 (Austausch, Nachfragen und Verinnerlichen) eine Stunde einplanen, insgesamt also eine Doppelstunde.

Bei längeren Texten oder umfangreichen Unterlagen bietet sich an, deren Bearbeitung (»Arbeitsgruppen«) in die Selbstlernzeit zu verlagern (s. Kap. 5, S. 43 ff.). Die dazugehörige »Austauschgruppe« findet dann im Rahmen der Präsenzzeit statt. Gegebenenfalls kann vorher eine kurze Einheit zur Beantwortung aufgetretener Fragen durch den Dozenten eingeschoben werden.

3.6 | Textarbeit mit der PQ4R-Methode

Wozu ist das gut? PQ4R ist eine Methode, mit der man aktiv liest und sich dadurch Inhalte gezielt und nachhaltig erarbeitet – ihr Name leitet sich aus den einzelnen Arbeitschritten ab (siehe fett gedruckte Begriffe unten).

Wie funktioniert's? Für die Bearbeitung in der Lehrveranstaltung bringen Sie einen oder mehrere Texte aus Fachzeitschriften, Tagespresse, Internet usw. mit, aus denen die Studenten die wesentlichen Eckpunkte herausarbeiten sollen. Die Texte sollten relativ kurz sein – unserer Erfahrung nach zwei bis maximal drei DIN-A4-Seiten. Jeder Student sollte einen eigenen Text vor sich haben.

- Bilden Sie Kleingruppen zu vier bis maximal sechs Personen.
- **Preview (Vorschau):** Die Studenten überfliegen den Text und verschaffen sich einen groben Überblick aus der Gliederung, Zwischenüberschriften, Grafiken, Abbildungen, Abstract usw.; auch die Struktur des Textes ist interessant (z. B.: Wo beginnt der Hauptteil?).
- **Question (Fragen):** Nun werden in der Gruppe Fragen an den Text formuliert. Dazu können die üblichen »W-Fragewörter« (Wer? Wie? Was? Warum? Wann? Wozu? Womit? usw.) benutzt werden.
- **Read (Lesen):** Jeder Teilnehmer liest für sich den Text aufmerksam durch und versucht, die Fragen zu beantworten. Wichtige Textpassagen sollen markiert und durch passende Schlüsselbegriffe am Rand ergänzt werden. Dadurch kann man sich später wieder besser im Text orientieren. Bei Bedarf werden zusätzliche Fragen formuliert, die sich aus dem Lesen ergeben.
- **Reflect (Nachdenken):** In der Gruppe sucht man nun gemeinsam nach Assoziationen zu den Schlüsselbegriffen oder Beispielen zu eher abstrakt-theoretischen Formulierungen, man denkt über Probleme und/oder den Nutzen bei der Anwendung nach. Wichtig ist auch die Schaffung einer kritischen Distanz: Trifft der Inhalt zu oder widerspricht er bekannten anderen Texten?

3.6 Methoden zum Erwerb und zur Verteilung neuen Wissens

- **Recite (Wiedergeben):** Nun werden die Texte und die Aufzeichnungen beiseite gelegt und die an den Text gestellten Fragen miteinander beantwortet. Der Sinn dieses Schrittes liegt darin, in eigenen Formulierungen die Hauptgedanken des Textes wiederzugeben. Parallel dazu kann man eigene Gedanken und Meinungen festhalten.
- **Review (Rückblick):** Im Plenum werden nun die erarbeiteten Inhalte zusammengefasst, verglichen und im Abgleich mit dem ursprünglichen Text kritisch geprüft. Wurde etwas Wesentliches noch nicht erwähnt? Lässt sich der Inhalt in ein Schaubild fassen?

Was sonst noch zu sagen wäre:
- Die Methode wurde ursprünglich für die Einzelarbeit entwickelt, hier ist sie aber für Kleingruppen aufbereitet. Die Ursprungsform (vgl. Rost 2008, S. 183 f.) ist natürlich für Studierende auch eine zum Selbstlernen sehr gut geeignete Methode.
- Textarbeit hat generell einen hohen Zeitbedarf, eine Doppelstunde ist dafür – je nach Umfang der Texte und Aufgabenstellung – ganz schnell »verbraten«.
- Die Vorgehensweise eignet sich hervorragend für Blockveranstaltungen.
- Manchmal ist es sinnvoll, ein paar Rollen in den Gruppen zu vergeben, z. B. Moderator oder Zeitwächter.

Variante:
Die Gruppen bekommen verschiedene Texte oder einzelne Abschnitte eines größeren Textes. Hier dient die Review-Phase dann der Zusammenführung aller Gedanken. Dazu kann z. B. die Methode Infomarkt (S. 30) verwendet werden.

Die Ergebnisse sollten anschließend zusammengetragen und schriftlich (bzw. beim Infomarkt fotografisch) dokumentiert werden, damit sie für alle Teilnehmer zur Verfügung stehen. Das muss nicht unbedingt der Dozent machen.

Bis 40 Studierende ist eine direkte Betreuung der einzelnen Arbeitsgruppen durch den Dozenten möglich, durchführbar ist die Methode aber mit bis zu 70 Personen.	**Teilnehmerzahl**
Die Räumlichkeit sollte die Arbeit in Gruppen unterstützen und den Besuch des Dozenten bei den einzelnen Gruppen ermöglichen; eine feste Bestuhlung ist kontraproduktiv.	**Raum und Ausstattung**
Eine Visualisierung der sechs Schritte (Aufgabenstellung) auf Beamer, Flipchart, Overheadprojektor oder Papier zum Austeilen.	**Material**
Reservieren Sie eine Doppelstunde (anderthalb Zeitstunden). Faustregel: Geben Sie dreimal soviel Zeit, wie Sie selbst zum Lesen und Bearbeiten des Textes brauchen!	**Zeitaufwand**

3.7 | Infomarkt

Wozu ist das gut? In Lehrveranstaltungen mit größeren Teilnehmerzahlen, in denen mehrere Gruppen Ergebnisse erarbeiten, dient der Infomarkt zu deren umfassenden Austausch. Ziel ist, dass jeder Teilnehmer das neue Wissen verarbeiten kann.

Wie funktioniert's?
- Voraussetzung: Die Gruppen haben Ergebnisse zu einem bestimmten Thema erarbeitet, jede Gruppe für sich.
- Jede Gruppe stellt ihr Ergebnis auf einem Plakat dar.
- Eine Hälfte der Gruppe bleibt bei ihrem Plakat, die andere Hälfte wandert jeweils im Uhrzeigersinn zur nächsten Gruppe weiter.
- Die jeweils Verbleibenden erklären und diskutieren mit den ankommenden Wanderern ihr Gruppenergebnis. **Wichtig:** Dies sollten keine reinen Präsentationen sein. Besser ist folgendes Vorgehen: Die Ankommenden lesen sich die Plakate durch und erhalten nur eine kurze Einführung (von z. B. etwa zwei Minuten Dauer) und stellen dann Fragen (z. B. etwa acht Minuten). Auf diese Fragen werden von der Erstellergruppe Erklärungen/Antworten gegeben! So entwickelt sich eine deutlich bessere und intensivere Diskussion, was aufgrund der tieferen Verarbeitung zu einem höheren Lernerfolg führt.
- Jeweils nach zehn Minuten geben Sie ein Signal (Wecker, Glocke, Handy, Quietschente usw.). Daraufhin gehen die Wanderer zum nächsten Plakat weiter. Dieser Rhythmus wird beibehalten, bis die Wanderer alle Plakate besucht haben.

Infomarkt: Einstieg in die Diskussion

- Nun geben Sie ein anderes Signal, das zum Rollentausch auffordert: Die bisherigen Wanderer bleiben am eigenen Plakat und die anderen Gruppenhälften (der vormals an den Plakaten verbliebenen) beginnen zu wandern.

Weitere Hinweise:
- Man kann den Weg und die Zeit pro Verbleib auch der Entscheidung jedes einzelnen Studierenden überlassen. Das heißt, Sie geben nur nach der ersten Hälfte der von Ihnen vorgesehenen Gesamtzeit ein Signal zum Rollentausch. Die unkoordinierte, freie Wanderschaft ist lockerer. Sie entspricht auch besser dem konstruktivistischen Lernen (»jeder holt sich, was er braucht«) und den Motivationsregeln von Deci & Ryan (s. Kap. 5.2, S. 88 f.).
- Folgt man der Grundidee, dass durch diese Methode an den Plakaten tatsächlich Wissensverarbeitung passiert, ist es eigentlich logisch, dass die Besucher die Plakate noch ergänzen dürfen. Das kann entweder durch direktes Dazuschreiben an der richtigen Stelle erfolgen oder aber mittels Moderationskarten, großen Post-Its usw., die dann dazugepinnt werden. Tipp: Es gibt selbstklebende Moderationskarten (ähnlich den Post-Its). Damit kann man freier agieren, insbesondere, wenn man die Plakate nicht auf Pinwände sondern mit Malerkrepp an der Wand befestigt hat.
- Die Vorbereitung der Plakate kann in der Selbstlernzeit der Studierenden erfolgen.

Variante:
- Die Arbeitsgruppen werden für den Infomarkt nicht halbiert, sondern es werden aus ihnen »Verschnittgruppen« gebildet: Wenn die Gruppenzusammensetzung bei der Erarbeitung der Plakatinhalte z. B. 11111, 22222, 33333, 44444, 55555 war, dann werden neue Gruppen nach dem Muster 12345, 12345 usw. gebildet. Diese wandern nun von Plakat zu Plakat. Das heißt, dass in jeder neuen »Wander-Gruppe« je eine Person aus den vorherigen Arbeitsgruppen vertreten ist (vergleichbar dem Gruppenpuzzle, S. 26).
- Jede der neuen Gruppen platziert sich nun an einem Plakat, so dass an jedem Plakat eine Gruppe steht. Das Gruppenmitglied, das an der Erstellung des Plakats mitgewirkt hat, gibt nun eine ein- bis zweiminütige Erläuterung, dann fragen die anderen nach. Insgesamt hat jede Gruppe zehn Minuten Zeit pro Plakat.
- Nach Ablauf der zehn Minuten geht jede Gruppe geschlossen zum nächsten Plakat. In dieser Variante ist es zweckmäßig, dass das Signal für den Wechsel vom Dozenten kommt und auch die Wanderrichtung vorgegeben wird.
- Vorteile der Variante:
  - Die zweite Runde entfällt, die Gesamtzeit verringert sich damit auf die Taktzeit $t \times$ Anzahl Plakate p. Hier ist zu beachten, dass logischerweise alle Plakate von allen Gruppen betrachtet werden müssen.

– **Jedes** Arbeitsgruppenmitglied muss zu einer kurzen Einführung und zum Beantworten der Nachfragen in der Lage sein. Es gibt dadurch weder Mauerblümchen noch Trittbrettfahrer und der Lerneffekt des Einzelnen ist maximal.

Teilnehmerzahl Bei bis zu 40 Personen und maximal sechs Arbeitsgruppen können Sie sich aktiv in die Betreuung einschalten. Positive Erfahrungen bei Infomärkten haben wir mit Gruppen bis zu 80 Personen gemacht. Wir empfehlen aber, in einer Lehrveranstaltung dann jedes Thema parallel in zwei Gruppen zu bearbeiten, so dass die Anzahl der vom einzelnen Studierenden aufzunehmenden Themen auf sechs beschränkt bleibt.

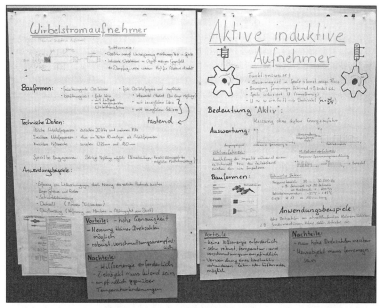

Auch in technischen Fächern gut durchführbar: Infomarkt (vgl. Krämer 2006)

Raum und Ausstattung Sie brauchen vor allem Verkehrsfläche, also genügend unmöbilierten Platz in einem großen Raum, sowie ausreichend Moderationspinwände (je Gruppe mindestens eine, je nach Komplexität der Aufgabenstellung). Wo keine Moderationspinwände verfügbar sind, kann man die Plakate eventuell mittels Malerkrepp an die Wand kleben; klären Sie bitte vorher Risiken und Nebenwirkungen mit Ihrem Dekan oder dem Hausmeister ab.

Material Plakatpapier oder Flipchartpapier, besser Moderationspackpapier; in den Geschäftsstellen von Regionalzeitungen sind häufig auch Restrollen aus dem Zeitungsdruck mit Breiten von etwa 1,30 m günstig erhältlich. Bei letzteren ist allerdings das Papier sehr dünn, man sollte sie also doppellagig verwenden. Moderationsmarker, Farbstifte; eventuell Material für die Gruppenarbeit (Fachartikel, Firmenunterlagen, Diagramme usw.).

Der Zeitbedarf Z ist nach folgender Berechnungsformel zu ermitteln: **Zeitaufwand**
$Z = n \times (p - 1) \times t$
Wobei:
- n = Anzahl der Runden
- p = Anzahl Plakate bzw. Gruppen ($p - 1$, denn die eigenen Ergebnisse kennt man und muss sie sich nicht anschauen)
- t = Zeitbedarf je Plakat.
- Beispiel: Sie planen zwei Runden. Wenn der Zeitbedarf pro Plakat und Runde bei etwa zehn Minuten liegt und Sie mit fünf Gruppen arbeiten (= fünf Plakate im Workshop), sollten Sie etwa 2 × 40 Minuten einplanen.
- Für die dem Gruppenpuzzle ähnliche Variante beträgt der Zeitbedarf $Z = p \times t$.

3.8 | Museumsführung oder Vernissage

Die Museumsführung ist eine Input-Methode mit Bewegung, man kann sie insbesondere als Einführung in ein Thema verwenden. **Wozu ist das gut?**

Der Grundgedanke liegt darin, dass nicht der Dozent die Information vorträgt, sondern dass sich die Studierenden diese selbst abholen. Die Auseinandersetzung mit den einzelnen Informationen kann dabei je nach Interesse und gewünschtem Lerntempo erfolgen.

Vor der Lehrveranstaltung werden vom Lehrenden mehrere Poster, auf denen die entscheidenden Informationen des zu vermittelnden Themas strukturiert dargestellt sind, erstellt und im Raum verteilt. Die Teilnehmer gehen von Plakat zu Plakat. Bei größeren Gruppen ist es sinnvoll, mehrere Untergruppen zu bilden. **Wie funktioniert's?**

Die Studierenden werden aufgefordert, sich die Ausstellung anzuschauen. An den Stellen, an denen ihnen etwas unklar ist, sollen sie einen selbstklebenden Zettel oder eine Moderationskarte mit der passenden Frage anbringen. Nachdem die Studierenden alle Poster betrachtet haben, geht der Lehrende auf die Fragen ein.

Weitere Anmerkungen:
- Die Plakate bleiben während der gesamten Sitzung parallel nebeneinander hängen und sind damit – im Gegensatz zu elektronischen Medien – sichtbar und präsent.
- Gegensätzliche Themen (oder auch sich ergänzende, aber bitte stringent entweder das eine oder das andere!) kann man an gegenüberliegenden Wänden präsentieren.

Teilnehmerzahl	Die Zahl der Teilnehmer ist abhängig von der Anzahl der Plakate. Faustregeln: Vor jedem Plakat sollten nicht mehr als sechs Personen gleichzeitig stehen, lesen und arbeiten. Die Anzahl der Plakate sollte ebenfalls auf sechs beschränkt bleiben.
Raum und Ausstattung	Benötigt wird ein Raum mit ausreichend Verkehrsfläche und einer entsprechenden Anzahl Moderationspinwände. Wo keine Moderationspinwände verfügbar sind, kann man die Plakate vielleicht mittels Malerkrepp an die Wand kleben (s. hierzu Kap. 3.7, S. 32).
Material	Mitgebrachte, vorgefertigte Plakate; Moderationskarten (sind auch selbstklebend erhältlich).
Zeitaufwand	Faustregel: Je Plakat fünf bis fünfzehn Minuten, sowie anschließend noch einmal etwa eine halbe Stunde zur Besprechung der Fragen. Beide Zeitangaben sind stark abhängig vom Schwierigkeitsgrad.

4 Diskussionen und ähnliche Methoden

Wollen Sie Ihre Studenten mal zum Reden bringen, auch in großen Gruppen? Oder Diskussionen richtig inszenieren? Auch wenn es vielleicht etwas banal klingt: Diskussionsrunden brauchen eine gute Struktur, damit sie effektiv durchgeführt werden können!

4.1 | Murmelgruppe oder Buzz Group

GG

Die Murmelgruppe ist eine in allen Lerngruppengrößen verwendbare Methodik. Wir haben sie auch schon in Sälen mit bis zu 300 Personen durchgeführt.

Wozu ist das gut?

Es kommt bei dieser Methode insbesondere darauf an, dass die Anwesenden sich selbst aktiv mit der gegebenen Thematik auseinandersetzen, und dass die Hemmschwelle, sich in einer großen Gruppe zu äußern, durch die zunächst kleine Gruppe durchbrochen wird. Nach einer Murmelgruppe ist man als Studierender nicht mehr nur Vertreter seiner persönlichen Meinung, sondern Sprecher eines kleinen Konsortiums. Man weiß, dass man nicht nur allein etwas nicht verstanden hat, sondern andere ebenfalls nicht. Der Einzelne ist dadurch sicherer in seiner Darstellung, weil er die bestätigende Meinung der anderen kennt. Wenn Sie es nicht glauben, probieren Sie's doch einfach aus!

Der Referent bzw. Lehrende stellt eine Frage ins Publikum. Die Handlungsanweisung zur Frage lautet: »Bitte bilden Sie, so wie Sie sitzen, mit Ihren unmittelbaren Nachbarn eine Gruppe zu zweit oder dritt und besprechen Sie meine Frage.«

Wie funktioniert's?

Nach zwei bis drei Minuten bitten Sie wieder um Ruhe. In einem Vortrag werden Sie in der Regel nicht die Ergebnisse abfragen, sondern auf eine mögliche Diskussion nach dem Vortrag verweisen (und Sie können sicher sein, dass eine der lebhaftesten Diskussionen einsetzt, die Sie jemals erlebt haben). Nehmen Sie sich dafür in großen Gruppen ein Geräuschinstrument (Glöckchen, Quietschente, Klangschale usw.) nach Ihrem Gusto mit.

In Lehrveranstaltungen ist es je nach Größe der Gruppe wichtig, entweder einige (Großgruppe) oder alle Ergebnisse direkt abzufragen (bis maximal 15 Teilnehmer). Dadurch bekommen Sie ein sofortiges Feedback, ob Ihre Ausführungen angekommen sind, und Sie sorgen gegenüber Ihren Studierenden für Wertschätzung und kleine Erfolgserlebnisse (s. dazu im Hintergrundteil das Thema Motivation, S. 87).

Die Anwendungen dieser Methode können unterschiedlich sein:
- Als **Einstieg** in ein neues Thema. Die Frage lautet dann in etwa: »Was haben Sie schon über ... gehört?« (Ziel: an Vorhandenes anknüpfen)
- **Auflockerung** der Monotonie des Nur-Zuhörens, Wechsel von passiver und aktiver Beteiligung (Ziel: wieder Aufmerksamkeit schaffen oder steigern nach 20 Minuten Vortrag)
- **Rückmeldung erhalten**, ob die Lehrinhalte angekommen sind: »Wir haben nun das Thema ... abgeschlossen. Bitte stecken Sie jetzt mit Ihren Nachbarn zu zweit oder dritt, so wie Sie sitzen, die Köpfe zusammen und überlegen Sie gemeinsam in den nächsten Minuten, was in diesem Kapitel wichtig war. Schreiben Sie dann auf, was an Fragen für Sie noch offen ist. Sie haben dafür fünf Minuten Zeit. Im Anschluss werde ich Ihnen Ihre Fragen beantworten.« **Hinweis:** In großen Gruppen ist eine klare Strukturierung der Aufgabenstellung ganz wichtig. Erst kommt die Handlungsanweisung, dann die inhaltliche Aufgabenstellung. Es ist verbindlicher und lernwirksamer, die Ergebnisse aufzuschreiben und nicht nur mündlich zu erörtern. Die Bereitschaft der Studierenden mitzumachen, ist höher, wenn Sie wissen, dass danach mit den Ergebnissen etwas passiert. Die Bearbeitungszeit schließlich variiert je nach Aufgabenstellung zwischen drei und zehn Minuten.
- Wenn sich auf Fragen in einer größeren Lehrveranstaltung selten jemand zu melden traut: Stellen Sie Ihre Frage, bitten Sie die Studenten, kurz die Köpfe zusammenzustecken, und bitten Sie dann nach ein bis zwei Minuten um Wortmeldungen – Sie werden merken, dass die Hemmschwelle im Plenum wesentlich niedriger geworden ist!

Teilnehmerzahl	Absolut beliebig, nach oben keine Grenze gesetzt
Raum und Ausstattung	Beliebig
Material	In großen Gruppen ist ein genügend lautstarkes Signalinstrument empfehlenswert, damit Sie sich wieder Gehör verschaffen können.
Zeitaufwand	Für die einfache Murmelgruppe zwei bis drei Minuten; Sie sollten aber dazu jeweils ein paar Minuten zum Abholen der Statements oder zum Beantworten von Fragen einrechnen. Für die inhaltlich schwierigeren Varianten, wie z. B. eine Zusammenfassung des Stoffes am Ende einer Lehreinheit, sollten Sie bis zu zehn Minuten reservieren – gut investierte Zeit, weil Sie mit den Ergebnissen in der Folgeveranstaltung die Studierenden schnell wieder ins Thema zurückholen können und sich die wesentlichen Inhalte besser in den Köpfen verankern.

4.2 | Verschiedene Diskussionsformen

Durch Diskussionen bilden wir in unseren Studenten neben den Fachinhalten gleichzeitig die berühmten **Schlüsselqualifikationen** heraus, hier insbesondere Argumentieren, intensives Zuhören und präzises Formulieren, Kritik annehmen und geben sowie auch einmal fundiert Kontern. Bitte vergessen Sie nicht: In jedem Fachgebiet können und müssen Schlüsselqualifikationen transportiert werden – das kann nicht ausschließlich auf spezialisierte Kollegen ausgelagert werden!

In den Geisteswissenschaften ist die Diskussion ein wichtiger Bestandteil des Unterrichts, um sich Zusammenhänge zu erschließen. In den Ingenieurfächern wird eine ausgefeilte Diskussionskultur in der Lehre eher selten gepflegt – umso größer ist ihre Bedeutung im Berufsleben. Gute Argumente helfen den Technikern in den Unternehmen, sich gegen den Controller durchzusetzen (sehen Sie den fernsehturmgroßen Zaunpfahl, mit dem hier gewunken wird?). Dabei ist schon klar, dass man nicht diskutieren kann, ob 1 + 1 vielleicht auch 3 sein könnte. Aber es gibt im Leben häufig mehrere technische Lösungen für ein gegebenes Problem, und da helfen sehr wohl Argumente, die für oder gegen die eine oder andere Lösung sprechen.

Wozu ist das gut?

Je nach Wissensstand der Studierenden kann eine Vorbereitungszeit von z. B. zehn Minuten in Murmelgruppen sinnvoll sein, vor allem wenn es darum geht, Meinungen zu vertreten, die nicht unbedingt die eigenen sind. Das ist aber gleichzeitig ein wichtiger Faktor für das echte Leben: Es gehört zur professionellen Vorbereitung insbesondere auf kontroverse Diskussionen und Verhandlungen, sich auch in die Situation der jeweils anderen Seite einzufühlen, deren voraussichtliche Argumente mitzudenken und durch schlagkräftige eigene Gegenargumente zu widerlegen.

Wie funktioniert's?

Bei allen Diskussionen scheint uns wichtig: Beim gesprochenen Wort handelt es sich um ein sehr flüchtiges Gut. Damit die einzelnen Argumente und Positionen nicht verloren gehen, ist eine Zusammenfassung am Ende sinnvoll. Diese kann der Dozent (z. B. im Dialog mit dem Plenum an der Tafel) erstellen, aber auch die Teilnehmer. Sie können z. B. während der Diskussion ein paar Studierende als Protokollanten beauftragen oder nach der Diskussion das Plenum in Murmelgruppen (S. 35) bitten, in ein paar Minuten die wesentlichen inhaltlichen Stationen aufzuschreiben.

4.2.1 | Pro- und Kontra-Diskussion

GG

Zur Vorbereitung einer Pro- und Kontra-Diskussion teilen Sie den Saal durch eine gedachte oder tatsächlich vorhandene Mittellinie in zwei Hälften auf. Der von den Studenten aus gesehen rechten Hälfte geben Sie die Aufgabe, sich in Murmelgruppen (jeweils zwei bis drei Studierende) oder Kleingruppen (jeweils vier bis sechs Studierende) darauf vorzubereiten, für das Diskussionsthema zu sprechen, der anderen Hälfte auf die gleiche Art, dagegen zu argumentieren. Die Studierenden erhalten dafür etwa zehn Minuten Zeit. Jeder Studierende soll sich dabei eigene Notizen machen. Mit Murmelgruppen funktioniert das auch in einem Saal mit 250 Personen und fester Bestuhlung! Anschließend wird diskutiert: In kleinen Semestergruppen sind alle beteiligt. In großen bitten Sie drei bis vier Studenten von jeder der beiden Seiten aufs Podium, womit wir auch schon bei der Podiumsdiskussion angelangt sind.

4.2.2 | Podiumsdiskussion

Etwa sechs bis acht Studenten diskutieren kontrovers stellvertretend für das Plenum, die Dauer sollte auf 5 bis 15 Minuten beschränkt sein. Am Ende der Diskussion fassen Sie als Dozent zusammen, rücken manches vielleicht sachlich noch gerade, heben die wichtigsten Punkte noch einmal hervor. Vergessen Sie nicht, sich abschließend bei den Teilnehmern zu bedanken.

Hier ist die Vorbereitung in der Gruppe entscheidend für das Funktionieren der Methode. Ähnlich wie bei der Abgabe von Statements aus Murmelgruppen fühlen sich die Diskutanten nämlich als Sprecher ihrer Vorbereitungsgruppe und tun sich dadurch leichter, sie agieren nicht als Einzelpersonen. Außerdem werden die Studierenden im Publikum während der Diskussion aufmerksamer sein, weil sie sich selbst schon Gedanken über das Thema gemacht haben und deshalb meist auch wissen wollen, was die anderen darüber denken.

Variante:
Gegebenenfalls wird dem Publikum die Möglichkeit gegeben, sich ebenfalls zu beteiligen. Zur Steuerung der Meldungen benutzen Sie ein »Saalmikrofon«: Das kann einfach ein dicker Stift sein, mit dem Sie zu den Wortmeldungen hingehen. Die Regel lautet: Nur wer am Mikrofon ist, darf reden. Geben Sie dabei das Mikro nicht aus der Hand, dann können Sie die Redezeit durch Entzug begrenzen!

4.2.3 | Expertendiskussion

Für die Expertendiskussion sind mehrere Konstellationen denkbar. Gebräuchlich ist sie mit externen Experten aus Firmen, Behörden, eventuell ergänzt um den Dozenten. Grundsätzlich ist sie der Podiumsdiskussion vergleichbar. Eine interessante Variante ist auch, Studenten in einem Seminar als Experten diskutieren zu lassen, wenn die Themen der Seminararbeiten entsprechend ausgesucht werden. In aller Regel ist eine solche Diskussion der »Experten« ein guter und motivierender Ersatz für mehrere Präsentationen in Reihe, sie macht die Veranstaltung lebendiger.

Variante:
Wurden die Seminarthemen in Gruppen bearbeitet, ist auch denkbar, die Expertendiskussion gleichzeitig in mehreren »Verschnittgruppen« durchzuführen, die jeweils aus Mitgliedern der unterschiedlichen Seminargruppen zusammengestellt werden (s. die Verschnittgruppenbildung beim Gruppenpuzzle S. 26). Als Dozent wandert man von Gruppe zu Gruppe, bleibt in der Regel aber stiller Beobachter. Praktisch ist es, wenn jede der Diskussionsgruppen die wesentlichen Ergebnisse gleich auf Overheadfolie oder Flipchart notieren – dann kann anschließend ein Vergleich und Resümee der Positionen im Plenum erfolgen.

Eine Diskussion im Plenum erfordert immer eine relativ kleine Gesamtteilnehmerzahl, die 15 bis 20 Personen nicht überschreiten sollte. Podiums- und Expertendiskussionen lassen sich auch mit großen Auditorien durchführen.
Teilnehmerzahl

Es ist schön, wenn sich die unmittelbar diskussionsbeteiligten Personen gegenseitig anschauen können. Das ist bei Podiumsdiskussionen durch Anordnung in einem breiten »V« machbar. In Plenumsdiskussionen ist ein Stuhlkreis ideal.
Raum und Ausstattung

Keines
Material

Je nach Thema unterschiedlich, aber nur in Ausnahmefällen länger als 10 bis 15 Minuten.
Zeitaufwand

4.3 | Experteninterview

Wozu ist das gut? Mit Gastreferenten aus Dienstleistungsunternehmen und Industrie haben wir nicht immer nur gute Erfahrungen gemacht. Trotz vorheriger Absprache über Thema, Inhalte und Redezeit »verlaufen« sie sich gelegentlich dennoch an einem dieser Punkte. Da sie aber wertvolle Know-how-Träger für praxisnahen Unterricht sind, bietet das Experteninterview hier gute Steuerungsmöglichkeiten.

Wertvoller Nebeneffekt ist, dass die Studenten durch die Vorbereitung einerseits Vorwissen aktivieren und sich intensiv mit der Materie befassen. Dadurch erfolgt eine tiefere Verankerung des Gehörten; außerdem ist wegen des direkten Bezugs der Vorarbeiten zur Realität des späteren Berufslebens eine hohe Motivation spürbar.

Wie funktioniert's? Die Studenten bekommen die Aufgabe, sich inhaltlich auf das Interview vorzubereiten. Sie formulieren Fragen, die dem Gast zur Vorbereitung vorab zugesandt werden. Sie bestimmen aus ihrer Mitte auch einen bis maximal drei Sprecher, die gemeinsam den Gast in lockerer Runde interviewen und bei Bedarf noch einmal nachfragen.

Varianten:
- Wenn man will, kann man auch das (ebenfalls präparierte) studentische Publikum über ein reales oder virtuelles Saalmikrofon (z. B. ein dicker Stift oder ein Stück Holz; nur wer es gerade gereicht bekommt, darf reden) einbeziehen.
- Man bittet ein paar Studierende aus dem Zuhörerkreis, den Verlauf des Gesprächs schriftlich festzuhalten.

Teilnehmerzahl Beliebig

Raum und Ausstattung Stühle für den Experten und die Interviewer

Material Eventuell Flipchart in Räumen für bis zu 20 Personen

Zeitaufwand Thematische Vorbereitung nach Bedarf; Fragensammlung und -strukturierung je nach Methode (z. B. mit Kartenabfrage, S. 8); Experteninterview etwa 30 bis 45 Minuten.

4.4 | Aquarium oder Inner Circle

Wozu ist das gut?

Hier handelt es sich um eine strukturierte Diskussionsform für ein großes Plenum, das mit einbezogen wird. Die Methode eignet sich gut, um einen raschen Einstieg in ein Thema zu finden, oder abschließend noch einmal mehrere Aspekte des vorher behandelten Themas zu diskutieren.

Wie funktioniert's?

Es werden ein Innen- und ein Außenkreis gebildet: Eine kleine Gruppe aus vier bis sechs Personen im Innenkreis (= Aquarium, gelegentlich auch »Fish Bowl«) diskutiert auf Stühlen sitzend ein Thema, die übrigen Teilnehmer im Außenkreis (bis zu 40 Personen) hören stehend zu.

Ein freier Stuhl im Innenkreis sichert die Offenheit für alle: Er ist für Leute aus dem Außenkreis bestimmt, die mitdiskutieren möchten. Für seine Besetzung gibt es verschiedene Möglichkeiten (wenn Sie mit der Methode vertraut sind und kreativ werden wollen, bestimmt noch mehr):

1. Wenn ein Teilnehmer von außen hineingeht, um mitzudiskutieren, muss ein anderer aus dem Innenkreis seinen Stuhl freimachen und nach außen wechseln. Dadurch wechselt immer wieder die Besetzung und neue Argumente bereichern die Diskussion. Aber auch die Personen, die den Kreis bereits verlassen haben, dürfen wieder hineingehen. **Tipp:** Damit klar ist, **wer** aufstehen muss, empfiehlt sich die Regel »immer der links vom freien Stuhl Sitzende muss gehen«. Dies ist eine sachlich-korrekte Lösung, im Gegensatz zum sogenannten »Abklatschen«: Wer reinkommt, klopft einem Diskutanten seiner Wahl auf die Schulter, dieser muss dann gehen. Dies wirkt unter Umständen diskriminierend im Sinne von »Du warst nicht gut, drum schicke ich dich raus!« – dies sollten Sie vermeiden!
2. Der Stuhl kann von jemand aus dem Außenkreis für eine bestimmte Zeit bzw. eine Frage besetzt werden, muss aber dann wieder von ihm freigemacht werden. Hier bleibt also die Besetzung bis auf jeweils eine Person gleich. **Hinweis:** Diese Variante eignet sich nicht, wenn dominante Dauerredner dabei sind.

Das **Stehen** im Außenkreis hat in diesem Zusammenhang eine große Bedeutung: Wenn man in den Diskussionskreis hinein will, muss man eine weitaus geringere Hemmschwelle überwinden, als wenn man sich erst von einem Stuhl erheben muss. Außerdem können die Außenstehenden das Geschehen im Innenkreis auch optisch besser verfolgen.

Variante:

Eine weitere Variante ist eine Mischung aus Expertenbefragung und Aquarium: Ein Stuhl ist fest besetzt mit einem Experten. Dies kann z.B. ein Industrie- oder Behördenvertreter sein, den Sie zur Veranstaltung eingeladen haben. Außerdem sind zwei bis drei Stühle fest besetzt mit den Interviewern, also Studenten, die sich auf das Gespräch intensiv vorbereitet haben und Fragen stellen. Ein Stuhl bleibt frei für andere Studenten, die Fragen stellen oder in anderer Form beitragen können. Somit kann jeder in den Kreis hinein, muss ihn aber nach Beendigung seines Beitrages wieder verlassen.

Achtung: Diese Methode hat einen sehr statischen Charakter, während durch den im Normalfall ablaufenden ständigen Wechsel sehr dynamische Runden entstehen können.

5 Methoden zur Begleitung der studentischen Selbstlernphasen

Sie finden an dieser Stelle zwei speziell für die Begleitung der Balance zwischen Präsenzveranstaltungen und Selbstlernzeiten geeignete Methoden. Wir weisen aber ausdrücklich darauf hin, dass auch andere der hier in diesem Buch beschriebenen Methoden für die Steuerung der Selbstlernzeiten geeignet sind. Beachten Sie bitte das SLZ-Icon. So können die in einer Präsenzveranstaltung im Infomarkt (S. 30) benutzten Plakate während der Selbstlernzeiten erstellt werden, oder die erste Phase des Gruppenpuzzles – das Einarbeiten in ein bestimmtes (Teil-) Thema – kann in einer Selbstlernphase erfolgen. Außerdem verweisen wir hier auf das umfassende Literaturangebot zu den »großen« Methoden für die aktive Unterrichtsgestaltung wie Projektmethode, Fallstudienarbeit, Problem-Based Learning usw.

5.1 | HAITI-Übungen: Organisation für einen höheren Wirkungsgrad

Für dieses Konzept danken wir ganz herzlich Dr.-Ing. Hans-Christoph Bartscherer von ProLehre, TU München. **HAITI** heißt in etwa »im **H**örsaal, dann **A**rbeit **i**m **T**eam und dann wieder **i**m Hörsaal« – eine Methode braucht schließlich einen Namen ...

In erster Linie dienen die HAITI-Übungen einer sinnvollen Steuerung des Verhältnisses zwischen Präsenz- und Selbstlernzeit. Es handelt sich um ein Konzept zur Beseitigung des »Übungsfrustes« auf allen Seiten: Der Dozent ist frustriert, weil kaum einer der Studierenden mitmacht, und rechnet alles selber vor. Die Studenten sind vielleicht nicht gleich, aber spätestens vor der Prüfung schwer frustriert, weil sie merken, dass sie zwar viel aufgeschrieben, aber nur wenig verstanden haben; dies führt wiederum nach der Prüfung beim Dozenten zu erneuter Frustration.

Wozu ist das gut?

Mithilfe der Methode wird sanfter Druck auf die Studenten ausgeübt, die Aufgaben regelmäßig selbstständig zu bearbeiten. Dazu dient insbesondere die Rückmeldung über Schwierigkeiten. Wenn keine Rückmeldungen erfolgen, schließt der Dozent daraus, dass es keine Probleme gab, und er erwähnt die Aufgabe in der Übung überhaupt nicht mehr. In einem wertschätzenden Klima den Studenten gegenüber ist es selbstverständlich, dass Sie diese Vorgehensweise ankündigen und erklären:

Methoden für die Lehre an Hochschulen

- Durch die Organisation in Kleingruppen werden die Studenten beim Arbeiten und Lernen unterstützt.
- Ziel ist auch, dass die stärkeren Studenten in der Kleingruppe die schwächeren »an die Hand nehmen«.
- Der Dozent konzentriert sich in der Übung auf das, was die überwiegende Mehrheit nicht lösen konnte, und lässt die Aufgaben weg, die von den meisten beherrscht werden. Dadurch hat er mehr Zeit für Diskussionen und Erläuterungen und kann so alle Studenten optimal fördern.
- Das verbessert im Durchschnitt auch die Prüfungsleistungen und verringert gleichzeitig für die kontinuierlich arbeitenden Studenten den Vorbereitungsaufwand vor der Prüfung.

Mithilfe dieser Methode wird außerdem
- das Konsumverhalten der Studenten aufgebrochen,
- die Teamarbeit aktiviert,
- die studentische Gemeinschaft (speziell im ersten Semester) gefördert.

Wichtiger Hinweis: Bei der HAITI-Methode ist äußerste Konsequenz durch den Dozenten bei der Umsetzung der selektiven Besprechung nötig! Wenn Sie wieder anfangen, alles vorzurechnen, weil sich keiner meldet und wohl auch niemand etwas gemacht hat, stirbt das System einen raschen Tod!

Wie funktioniert's?
- In der ersten Übungsstunde wird das Verfahren erklärt und eine Aufgabe zur Bearbeitung angegeben. Die Studenten bilden Arbeitsgruppen, die einen wöchentlichen Treffpunkt vereinbaren. Sprecher der Arbeitsgruppen sind das Bindeglied zum Dozenten.
- In den folgenden Tagen bearbeiten die Studenten jeweils für sich zu Hause die angegebene Aufgabe.
- Dann treffen sich die Arbeitsgruppen und bearbeiten die Aufgabe(n). Sie stellen fest, wo ihre Schwierigkeiten liegen und was sie nicht lösen können. Dies teilen sie dem Dozenten bis zu einem festgelegten Termin vor der nächsten Übung schriftlich mit (vgl. Formblatt S. 48).
- Der Dozent analysiert die eingegangenen Berichte und gestaltet die nächste Übungsstunde entsprechend: Er behandelt nicht das, was ohnehin die meisten Studierenden lösen konnten, sondern geht spezifisch auf die genannten Schwierigkeiten ein. Am Schluss der Stunde gibt er die nächste Aufgabe aus.

Weitere Einzelheiten und Tipps:

- Wegen des Ablaufs, insbesondere der häuslichen Bearbeitung der Aufgaben, die wohl am ehesten am Wochenende erfolgt, sollte der Termin der Übung möglichst nah am Wochenende liegen (also donnerstags oder freitags).
- Die Gruppengröße sollte sechs Teilnehmer nicht überschreiten. Bei Erstsemestern reduziert sich die Gruppengröße in der Regel im Lauf des Semesters von selbst, so dass man in diesem Fall mit acht Teilnehmern beginnen kann.
- Erste Übungsstunde: Man geht vorher im Plenum herum, schaut sich nach geeigneten Studenten um und drückt ihnen als zukünftigen Gruppensprechern ein Gruppenheft in die Hand.
- Sind verschiedene Fachrichtungen in der Lehrveranstaltung vertreten, will man aber die Studenten gleicher Fachrichtung in den Gruppen beieinander haben, wählt man für jede Fachrichtung eine bestimmte Farbe (für das Gruppenheft usw.).
- Etwa ab der dritten Übung sollten Sie immer wieder auch Methodenhinweise für die Zusammenarbeit in den Gruppen verteilen oder anschreiben: Materialsammlung, Definitionen, Brainstorming usw.
- Wir empfehlen, etwa zur Mitte des Semesters eine studentenbezogene Evaluation mittels Fragebogen in der Übungsstunde durchzuführen. Die Ergebnisse können sich dann noch im laufenden Semester auf die Fortsetzung des Programms auswirken.
- Eventuell sind Hinweise zur Gruppendynamik usw. in einem Treffen der Gruppensprecher sinnvoll. Bei entsprechendem Personal wäre auch eine Ausbildung der Gruppensprecher in Sachen Teamarbeit möglich und sinnvoll.

Die Gruppenhefte enthalten:

- Hinweise für den Gruppensprecher,
- ein Treffpunktblatt mit dem Namen der Gruppe. Das Blatt heftet die Gruppe an einer großen Anschlagtafel an, die als Infobörse dient (man kann natürlich die ganze Methode auch auf eine Lernplattform wie z. B. Moodle legen, und deren Ablaufunterstützung nutzen),
- zwölf vorstrukturierte Gruppenbriefe (für jede Aufgabe/Übungswoche einen), in denen die Gruppe ihren Bericht an den Dozenten zusammenfasst,
- einen Fragebogen, mit dem während des Semesters evaluiert wird, und
- einen Fragebogen zur Evaluation am Ende des Semesters.

5.1 Methoden für die Lehre an Hochschulen

Beispiel-Gruppenheft
(aus den Physik-Übungen an der TU München-Weihenstephan)
Format: A5 quer

Deckblatt
Physik-Arbeitsgruppe _____ (Name)
Fachrichtung: Gartenbau (grün)

Blatt 1

Hinweise für den Gruppensprecher/die Gruppensprecherin

Sie sind die Keimzelle einer Physik-Arbeitsgruppe, die bei ihrer Gründung nicht mehr als acht Mitglieder haben soll. Wie Sie sich zusammenfinden, bleibt Ihnen überlassen, aber Sie sollten nur Studenten und Studentinnen der angegebenen Fachrichtung(en) sein.

Vereinbaren Sie miteinander einen wöchentlichen Treffpunkt, der montags, dienstags oder mittwochs sein sollte. Wo und wann – das bleibt Ihnen überlassen.

Notieren Sie diesen Treffpunkt auf dem folgenden »Treffpunktblatt« und heften Sie dieses Blatt in einem der Felder der Anschlagtafel »Übung Physik« im Foyer an. Bitte aktualisieren Sie die Angaben, falls sie sich ändern, damit andere Studenten die Gruppe finden können, falls sich Gruppen auflösen usw. Sie können den Platz auf der Anschlagtafel auch für Mitteilungen untereinander benutzen, etwa, wenn Sie sich ausnahmsweise an einem anderen Ort treffen usw. An der Anschlagtafel gibt es auch ein Feld für allgemeine Mitteilungen »An Alle«, sei es von Ihnen, sei es vom Dozenten.

Beim Gruppentreffen bearbeiten Sie gemeinsam die gestellte Aufgabe, mit der sich jede(r) über das Wochenende bereits beschäftigt hat. Das Treffen dient also dazu, dass Sie sich gegenseitig bei der Lösung der Aufgabe weiterhelfen.

Der Gruppensprecher soll die Gruppe organisatorisch zusammenhalten. Es ist **nicht** die Aufgabe des Gruppensprechers, die Aufgabe vorzurechnen, die Lösung zu kennen oder sonst ein großes Genie zu sein.

Methoden zur Begleitung der studentischen Selbstlernphasen

Blatt 2

Entnehmen Sie diesem Heft am Ende jedes Gruppentreffens einen Gruppenbrief und beantworten Sie gemeinsam die dort gestellten Fragen. Werfen Sie den Brief ungefaltet und ohne Umschlag

bis spätestens Mittwoch 17.00 Uhr

in den Gruppenbriefkasten an der Anschlagtafel »Übung Physik«. Aus diesem Brief kann der Dozent entnehmen, welche Probleme Ihre Gruppe mit der Aufgabe hatte und in der nächsten Übungsstunde entsprechend reagieren. Ihr Gruppenbrief kann völlig anonym bleiben, niemand muss befürchten, »sich zu blamieren«.

Der Wochenplan sieht also so aus:
Freitags: Übung Physik + neue Aufgabe
Wochenende: Persönliche Bearbeitung der Aufgabe
Mo./Di./Mi.: Gruppentreffen nach Vereinbarung
Mi. 17.00 Uhr Letzter Termin für Einwurf des Gruppenbriefes
Freitags: Übung Physik + neue Aufgabe ...

Blatt 3

Ihre Gruppe wird im Lauf des Semesters ein Eigenleben entfalten. Dabei werden Gruppenprobleme nicht ausbleiben. Wenn Sie in dieser Hinsicht Rat brauchen, kommen Sie bitte in die Sprechstunde. Wir versuchen, Ihnen zu helfen.

Sprechstunde: mittwochs 12.00–13.00 Uhr am Lehrstuhl

Am Schluss dieses Heftes finden Sie einen Evaluationsbogen, den Sie als Gruppensprecher bitte am Ende des Semesters ausfüllen und mit dem letzten Gruppenbrief einwerfen.

Methoden für die Lehre an Hochschulen

Blatt 4 (Treffpunktblatt)

Die Physik-Übungsgruppe _____

besteht aus Studierenden der Fachrichtung(en) _____

_____ .

Sie trifft sich jeweils _____
                       (Tag) (Zeit)

_____ .
                        (Ort)

❏ Die Gruppe existiert nicht mehr. (gegebenenfalls ankreuzen)

Blatt 5 ff.   **Gruppenbrief zu Aufgabe** _____

Wir sind zurzeit ____ Personen, die diese Aufgabe bearbeitet haben, davon fanden ____ die Aufgabe schwer, ____ mittel, ____ leicht.

Wir haben folgende Teilaufgaben lösen können: (Bitte ankreuzen)
❏ a) ❏ b) ❏ c) ❏ d) ❏ e) ❏ f) ❏ g) ❏ h) ❏ i) ❏ k)

Nicht gelöst bzw. nicht richtig verstanden haben wir die Teilaufgaben:
❏ a) ❏ b) ❏ c) ❏ d) ❏ e) ❏ f) ❏ g) ❏ h) ❏ i) ❏ k)

Der schwierigste Punkt war für uns folgender:
(Bitte kurz fassen, der Dozent muss alle Briefe lesen!)

Sonstige Mitteilungen an den Dozenten:
(Bitte ebenfalls kurz fassen)

5.1 Methoden zur Begleitung der studentischen Selbstlernphasen

Letztes Blatt

Übungen Physik
Evaluationsbogen für Gruppensprecher(innen)

In meiner Gruppe waren zuerst ____ Personen, zuletzt ____ Personen.

Bitte jeden Block zuerst lesen, dann einen Satz ankreuzen:
- ❏ Im Kern blieben wir die Gruppe, wie sie sich in den ersten Treffen bildete.
- ❏ In meiner Gruppe waren immer wieder neue Mitglieder, die kamen und gingen.
- ❏ Meine Gruppe löste sich nach dem ____ Treffen auf.

- ❏ In meiner Gruppe waren wir in etwa gleich stark/schwach in Physik.
- ❏ Es gab große Unterschiede bezüglich der Stärke in Physik in meiner Gruppe.
- ❏ Eine(r) war das »Genie« in Physik und hat die Gruppe dominiert.

- ❏ Beim Gruppentreffen waren alle immer gut vorbereitet.
- ❏ Bestimmte Gruppenmitglieder haben sich praktisch nie vorbereitet.
- ❏ Manche Gruppenmitglieder waren immer vorbereitet, die anderen manchmal.

- ❏ Ich war sauer, dass ich Gruppensprecher wurde und bin es noch.
- ❏ Ich war sauer, dass ich Gruppensprecher wurde, bin es aber nicht mehr.
- ❏ Ich fand von Anfang an nichts dabei, Gruppensprecher zu sein.

- ❏ Menschlich waren wir ein prima Haufen.
- ❏ Wir bearbeiteten die Aufgaben, und das war's dann auch.
- ❏ Ich kann mir vom Menschlichen her tollere Gruppen vorstellen.

- ❏ Ich denke, wir haben durch die Gruppenarbeit mehr gelernt als alleine.
- ❏ Wir hätten allein vermutlich genausoviel Physik gelernt.
- ❏ Die Gruppentreffen waren Mist, sollte man wieder abschaffen.

Was ich sonst noch sagen wollte, habe ich auf der Rückseite notiert ...

Methoden für die Lehre an Hochschulen

Evaluationsbogen (in der Mitte des Semesters)

(1) Ich studiere _____ im _____ Semester.

(2) ❏ Ich bin in keiner Übungsgruppe. Weiter bei (17)!

(3) ❏ Ich bin in einer Übungsgruppe mit insgesamt _____ Personen.

Bitte kreuzen Sie je nach Zustimmung auf der 5-wertigen Skala an:

trifft zu   trifft nicht zu

(4) Ich besuche die Übung praktisch immer.
     ❏ ❏ ❏ ❏ ❏

(5) Ich hatte Schwierigkeiten, eine für mich passende Gruppe zu finden.
     ❏ ❏ ❏ ❏ ❏

(6) Ich finde, die Gruppe hat die richtige Größe.
     ❏ ❏ ❏ ❏ ❏

(7) Wir sind in der Gruppe sehr verschieden stark in Physik.
     ❏ ❏ ❏ ❏ ❏

(8) Nach meinem Gefühl dominiert eine(r) in der Gruppe zu sehr.
     ❏ ❏ ❏ ❏ ❏

(9) Ich komme in der Gruppe zu selten zu Wort.
     ❏ ❏ ❏ ❏ ❏

(10) Ich bereite mich fast immer auf das Gruppentreffen vor.
     ❏ ❏ ❏ ❏ ❏

(11) In der Gruppe sind viele, die sich nicht vorbereiten.
     ❏ ❏ ❏ ❏ ❏

(12) Meine Gruppe ist auch persönlich eine nette Gemeinschaft.
     ❏ ❏ ❏ ❏ ❏

(13) Die Gruppenarbeit taugt nichts, ich lerne alleine genausoviel.
     ❏ ❏ ❏ ❏ ❏

(14) Der Dozent geht auf die Probleme ein, die wir im Gruppenbrief angegeben haben.   ❏ ❏ ❏ ❏ ❏

(15) Das, was ich vorher nicht verstanden habe, habe ich nach der Erläuterung durch den Dozenten auch nicht kapiert.
     ❏ ❏ ❏ ❏ ❏

(16) Der für mich wichtigste Punkt wurde gar nicht angesprochen, nämlich: (bitte kurz fassen)

_____.

(17) Ich bin in keiner Übungsgruppe, weil ...

_____.

5.1 Methoden zur Begleitung der studentischen Selbstlernphasen

Verbürgt ist die Eignung der Methode für mindestens 180 Studierende, sicherlich lassen sich damit auch noch größere Gruppen steuern. Eine gewisse Begrenzung der Gruppengröße ergibt sich nur durch den Zeitaufwand des Dozenten für das Lesen der Rückmeldebogen. Setzt man hierfür eine Minute je Bogen, sind das bei 180 Personen in Sechsergruppen 30 Minuten. Erfahrungsgemäß geht es aber mindestens doppelt so schnell, weil sich die Schwierigkeiten der Studenten üblicherweise bei den gleichen Aufgaben häufen. Mithilfe einer Lernplattform lässt sich das System allerdings beschleunigen und gerade diese Auswertung teilweise automatisieren.
Teilnehmerzahl

Ideal wäre natürlich, wenn die Hochschule Arbeitsmöglichkeiten für die Studierendengruppen bieten würde. Der Hörsaal/Seminarraum benötigt jedoch keine zusätzliche Ausstattung.
Raum und Ausstattung

Vorgefertigte Arbeitshefte, Übungsblätter; alternativ eine Lernplattform, die die Papierform ersetzt und eine bessere Ablaufsteuerung ermöglicht.
Material

Keiner; es ist – ganz im Gegenteil – eher mit Zeiteinsparungen zu rechnen, weil nicht mehr alle Übungsaufgaben durchgenommen werden. Damit bleibt effektiv mehr Zeit für Diskussionen, für Hinweise auf besondere Fallstricke und die Erklärung der nicht gelösten und damit nicht verstandenen Aufgaben.
Zeitaufwand

5.2 | Das Lerntagebuch

Wozu ist das gut? Lerntagebücher dienen der Reflexion des eigenen Lernens: Erst kommt die Dokumentation der gelernten Inhalte und der Herangehensweisen. Dann wird noch einmal darüber nachgedacht, schließlich das Wichtigste »herausdestilliert«. Die Studierenden können damit Lernziele für sich selbst festhalten sowie gegebenenfalls Veränderungen der eigenen Lerntechnik daraus ableiten.

Ein Lerntagebuch ist immer dann besonders geeignet, wenn es beim Lernen um eigene Einstellungen geht, eigene Erfahrungen eine Rolle spielen, kritisches Hinterfragen wünschenswert ist – aber auch dafür, den eigenen Lernprozess verbindlicher und nachhaltiger zu gestalten.

Der Erfolg eines Lerntagebuches begründet sich darin, dass die wichtigsten Bestandteile des Lernstoffs in eigenen Worten (wichtig: nicht einfach abschreiben!) festgehalten werden. Dies vollzieht sich aber außerhalb der Mitschrift in der Lehrveranstaltung. Damit findet eine nochmalige intensive Auseinandersetzung mit größerer Verarbeitungstiefe im Gehirn statt. Die Folge ist eine tiefere Verankerung des Lernstoffes im Gedächtnis.

Ein Lerntagebuch ist zunächst ein Arbeitsmittel für den Lernenden selbst – und man sollte diese Privatsphäre absolut respektieren. Es kann aber bei der Betreuung von Selbstlernzeiten durchaus auch als Beratungshilfe eingesetzt werden, mit der die Studierenden ihre Fragen an den Lehrenden schon vorstrukturieren können, und anhand dessen die Lehrenden erkennen können, wie die Studenten sich für den eigenen Lernprozess organisieren.

In konstruktivistischen Lernumgebungen dient das Lerntagebuch außerdem als Arbeitshilfe für den Austausch der Lernenden untereinander und damit der gemeinsamen Erweiterung des Horizontes durch Vergleich der unterschiedlichen Sichtweisen.

Daneben ist ein Lerntagebuch in vielen Fächern willkommener Anlass, das (wissenschaftliche) Schreiben zu üben – zunächst in Stichworten und Kurzartikeln, aus denen im Lauf der Zeit Stoffsammlungen für größere Werke wie eine Bachelorarbeit o. Ä. entstehen können (vgl. Stangl, Werner 2008, Handwerkskammer Rheinhessen (Hrsg.) 2009).

Wie funktioniert's? Wir haben im Folgenden ein paar Fragen zusammengestellt, die verschiedene Reflexionsrichtungen ausdrücken. Stellen Sie daraus zu Anfang jeweils passend zu den Lehr-/Lerneinheiten ein paar Fragen für Ihre Studierenden zusammen. Die Studierenden können sie beim Bearbeiten jederzeit durch Ihre eigenen Beobachtungen ergänzen, zum Ausprobieren können sie sich aber auch zunächst weitgehend an die vorgegebene Struktur halten:

5.2 Methoden zur Begleitung der studentischen Selbstlernphasen

Zusammenarbeit
Sie haben im Projekt/in der Lehrveranstaltung einen ersten Arbeitsauftrag erhalten. Wie lief die Arbeit in dieser Gruppe?
- Wie war unsere Zusammenarbeit?
- Wie haben wir die Aufgaben verteilt?
- Wie haben wir Störungen/Konflikte bewältigt?
- Was ist Ihnen sonst noch aufgefallen?

Inhalte und Lernprozess
Schauen Sie jetzt bitte auf die Inhalte und Lernprozesse, die stattgefunden haben, und nicht auf die Zusammenarbeit der Gruppe.
- Was habe ich gemacht?
- Wie habe ich es gemacht?
- Was war mein wesentliches Lernergebnis?
- Wie zufrieden bin ich damit?
- Was habe ich nicht verstanden?
- Was hat mir gefehlt, was würde ich ergänzen?
- Woran möchte ich noch weiterarbeiten?

Arbeitsmethodik
Sie haben jetzt einige Arbeits-/Lern-/sonstige Methoden kennengelernt und selbst erfahren, wie man mit diesen Methoden arbeiten kann. Beschreiben Sie bitte anhand der folgenden Fragen, wie Sie diese Methoden erlebt haben:
- Wie effektiv finde ich die Methode?
- Ist sie der Problemstellung angemessen?
- Für welche anderen Einsatzgebiete scheint sie geeignet?
- Welche Schwächen sehe ich darin?
- Welche Stärken sehe ich darin?
- Wo in meinem Berufsleben kann ich sie voraussichtlich einsetzen?

Lernerleben
Sie haben letzte Woche einen Arbeitsauftrag erhalten. Dieser war mehr oder weniger ohne konkrete Struktur und Inhaltsvorgabe in Bezug auf das Arbeitsergebnis.

In dieser Woche war der Projektauftrag konkreter. Dabei hatten Sie klare Vorgaben für Form und Darstellung des Arbeitsergebnisses.
Vergleichen Sie:
- Vorgehensweisen und Arbeitstechniken
- Lernergebnisse
- Wie haben Sie jeweils den Einstieg in die Arbeitsphase erlebt?

Gute Vorsätze
Denken Sie bitte zum Abschluss dieser Lehr-Lerneinheit noch mal über das zurückliegende Kapitel nach. Überlegen Sie sich bitte ganz konkret, was für Sie hilfreich war! Vor allem ist es auch wichtig, dass Sie sich klare Vorsätze schaffen, die Sie bis zum nächsten Treffen am ... umsetzen möchten.
- Was nehme ich aus der Veranstaltung als wichtige Erkenntnisse mit?
- Woran möchte ich weiter arbeiten?

Teilnehmerzahl	Beliebig
Raum und Ausstattung	Keine
Material	Ideal ist, wenn sich jeder Student ein kleines Büchlein im DIN-A5-Format besorgt.
Zeitaufwand	Reservieren Sie an passenden Stellen in Ihrer Lehrveranstaltung jeweils fünf bis zehn Minuten.

6 Methoden für ein schnelles Feedback

6.1 | One-Minute-Paper oder Minutenfrage

Zur schnellen und strukturierten Rückmeldung über das »Ankommen« dessen, was Sie an Stoff »gebracht« haben, dient das One-Minute-Paper oder die Minutenfrage. In den englischsprachigen Ländern ist diese Methode sehr weit verbreitet. Lassen Sie sich aber vom Namen nicht täuschen: Die Studenten brauchen für eine qualifizierte Rückmeldung meist eher fünf Minuten!

Wozu ist das gut?

Am Ende eines Themas oder der Veranstaltung bitten Sie Ihre Studenten um die Beantwortung von zwei Fragen:
1. Was ist das Wichtigste, das Sie heute gelernt haben?
2. Was haben Sie am wenigsten verstanden?

Wie funktioniert's?

Mit der ersten Frage lenken Sie die Studenten auf den Gesamtzusammenhang der heutigen Stunde. Die zweite Frage gibt Ihnen eine sofortige Rückmeldung, wo die Studenten Verständnisschwierigkeiten hatten. In der Folgestunde können Sie darauf dann gezielt eingehen (vgl. Winteler 2004, S. 131).

Ihr Aufwand hält sich damit in engen Grenzen: Innerhalb weniger Minuten haben Sie einen guten Überblick. Am einfachsten und schnellsten lässt sich die Fragerunde durchführen, wenn Sie die Antwortblätter so vorbereiten wie im nebenstehenden Musterbogen. Auf dem hat sich noch eine zusätzliche Frage eingeschlichen (diese ist nicht verboten – sie kostet die Studenten zwar etwas mehr Arbeitszeit, bringt aber auch zusätzlichen Informationsgewinn!).

One-Minute-Paper

Das Wichtigste, was ich heute gelernt habe:

_____

_____

_____

_____

_____

Was ich nicht verstanden habe:

_____

_____

_____

_____

_____

Was ich sonst noch anmerken möchte:

_____

_____

_____

_____

_____

_____

Eigentlich unbegrenzt, lediglich die Lesezeit schlägt für den Dozenten zu Buche. Rechnen Sie mit vier bis sechs Blättern pro Minute Lesezeit, dann ergibt sich für eine Studentenzahl von 100 eine Lesezeit von etwa 20 Minuten.	Teilnehmerzahl
Keine Besonderheiten	Raum und Ausstattung
Vorbereitete One-Minute-Paper (geht spontan auch ohne: Bitten Sie die Studierenden, auf ein Blatt DIN-A4-Papier oben die erste Frage und in der Mitte die zweite zu schreiben), Karton zum Einwerfen am Ausgang.	Material
Fünf gut angelegte Minuten	Zeitaufwand

6.2 | Blitzlicht

Sie möchten wissen, wie es den Teilnehmern gefallen hat und was angekommen ist? Machen Sie am Schluss der Veranstaltung ein Blitzlicht (= Statement-Runde). **Wozu ist das gut?**

Jeder Teilnehmer (und am Schluss Sie selbst) gibt mit wenigen Worten (ein Satz!) ein Statement zu **einer** von Ihnen gestellten Frage ab: **Wie funktioniert's?**
- Wie hat es Ihnen gefallen?
- Was war für Sie die wichtigste Erkenntnis heute?
- Was kann ich das nächste Mal besser machen?
- Wie geht es Ihnen jetzt?

Die Äußerungen werden nicht diskutiert und nicht von den anderen kommentiert. Auch Sie selbst antworten nur kurz auf Ihre eigene Frage und nicht auf die Äußerungen der Teilnehmer. Sie dürfen sich allerdings für die Rückmeldungen bedanken.

Varianten:
- Telegramm: mehr als 30 Worte kosten (in Bayern z. B. eine Halbe Bier – bitte nicht bierernst nehmen!).
- »Mikrofon«-Blitzlicht: Sie halten jedem Teilnehmer der Reihe nach ein echtes oder virtuelles (z. B. einen dicken Stift) Mikrofon hin. Nur solange es da ist, darf gesprochen werden – damit bekommt man Kreisredner klein.
- Schriftliches Blitzlicht auf Moderationskarten oder DIN-A4-Kartons, die man dann öffentlich aushängt.
- Schriftliches Blitzlicht zum Ankreuzen auf einem Flipchart, das am Ausgang des Hörsaals steht (s. Bild).
Jeder Student macht beim Verlassen des Raumes je einen Strich in das obere und untere Kästchensystem. Natürlich können Sie auch ein oder drei Kästchen und andere Fragen verwenden.

Teilnehmerzahl	Mündliche Varianten sind auf 15 bis 20 Teilnehmer begrenzt. Blitzlicht zum Ankreuzen am Ausgang funktioniert bis etwa 50 Personen.
Raum und Ausstattung	Eventuell Pinwand, Flipchart
Material	■ Für mündliche Blitzlichter keines, eventuell wollen Sie sich die Äußerungen aber mitnotieren: Notizblock und Stift. ■ Für schriftliche Blitzlichter: eventuell Moderationskarten, Moderationsmarker
Zeitaufwand	Gut eine Minute pro Student (mündlich)

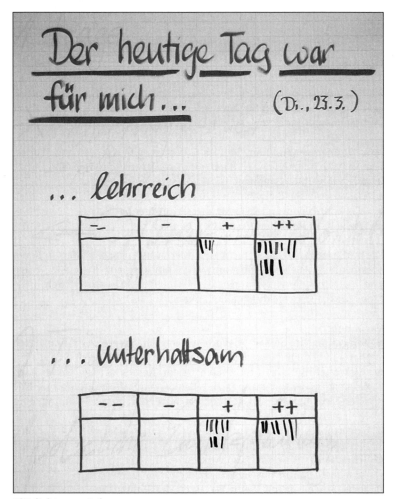

Blitzlicht zum Ankreuzen

Hintergrundteil

Theoretische Hintergründe

Warum bieten wir Ihnen in diesem Buch aktivierende Lehrmethoden an?
Nicht nur, weil wir vom Mehrwert einer derart gestalteten Lehre überzeugt sind, sondern auch, weil sie: *Vorteile*
- aktuellen lerntheoretischen Ansätzen entspricht und damit ihre Effektivität begründet wird,
- den Studierenden die direkte Auseinandersetzung mit Lehrinhalten ermöglicht und damit die Nachhaltigkeit des Lernprozesses fördert,
- den Lehrenden die Möglichkeit bietet, die Lernenden im Lernprozess zu unterstützen und diesen zu begleiten,
- den Synergie-Effekt einer heterogenen Studierendengruppe nutzbar macht,
- die intrinsische Motivation der Studierenden fördert,
- Abwechslung in den Unterrichtsalltag bringt,
- der Erklärung der Europäischen Bildungsminister 1999 im Bologna-Prozess nachkommt.

In den didaktischen Fortbildungsveranstaltungen des »Zentrums für Hochschuldidaktik der bayerischen Fachhochschulen« stellen wir fast ausschließlich Lehrmethoden vor, mit denen man mit den Studierenden interaktiv arbeiten kann. Als wissenschaftliche Grundlage und lerntheoretischen Ansatz nutzen wir die Erkenntnisse des Konstruktivismus. *Methodischer Ansatz*

Dabei lehnen wir den klassischen Vorlesungsstil keinesfalls ab. Nein, wir sind sogar der Meinung, dass eine gute Präsentation von Inhalten nach wie vor ihre Berechtigung hat. Vor allem in den Einheiten einer Lehrveranstaltung, deren Ziel es ist, den Studierenden einen Überblick zu verschaffen, Zusammenhänge darzustellen oder Strukturen zu erklären. Dies widerspricht auch nicht konstruktivistischen Aussagen.

Allerdings ermöglicht der Einsatz von aktivierenden Lehrmethoden das Erfahrungslernen. Dies wirkt sich auf die intrinsische Lernmotivation aus und erhöht die Nachhaltigkeit des Lernprozesses. Im nächsten Kapitel erfahren Sie Genaueres zu diesem Thema. *Erfahrungslernen*

Folgende Aspekte haben wir herausgegriffen:
- Aller Anfang ist schwer – oder doch nicht?
- »Lernen ist nicht machbar« – eine Begründung für die Forderung nach aktivierenden Lehrmethoden
- Was sagen die Neurodidaktiker dazu?
- E-Learning als didaktische Methode
- Wie kann man die Motivation der Studierenden fördern?
- Und zum Schluss die Evaluation?

1 Aller Anfang ist schwer – oder doch nicht?

Kennen Sie folgende Situation? Sie betreten den Vorlesungssaal oder einen Seminarraum. Wenn Sie Glück haben, erwarten Sie vielleicht 20 aufmerksame Teilnehmer. Es können sich aber auch 60 oder mehr Studierende in diesem Raum tummeln, die anscheinend nur damit beschäftigt sind, sich gegenseitig über Organisatorisches oder über ihre Ferienerlebnisse auszutauschen. Und Ihre Aufgabe ist es jetzt, Ruhe und ein arbeitsförderndes Klima in diese Gruppe zu bringen.

Oder aber Sie haben eine schweigende Gruppe vor sich.

Erster Eindruck

Egal welche Situation Sie vorfinden: »Der erste Eindruck zählt« – diese Redewendung gilt auch für Lehrveranstaltungen. Versäumnisse, die Lehrenden zu Semesterbeginn unterlaufen, sind im Allgemeinen nicht so einfach wieder aufzuholen.

1.1 | Der Anfang ist mehr als nur Kennenlernen

Von den Teilnehmern unserer Veranstaltungen hören wir immer wieder, die Studierenden seien zu passiv, wollen sich nur berieseln lassen. Um der Entstehung dieser Haltung vorzubeugen, sollten Sie die

Studierende einbeziehen

Studierenden deshalb schon von Beginn an in das Geschehen einer Lehrveranstaltung mit einbeziehen. Je früher die Lerner Gelegenheit haben, sich selbst am Unterricht zu beteiligen, desto höher ist die Bereitschaft, sich auch im weiteren Verlauf aktiv einzubringen (vgl. Wendorff 2007, S. 19). Geschieht dies nicht, geraten Studierende schnell in eine passive Rolle – und sie aus dieser wieder herauszuholen, ist häufig sehr schwierig. Diesen Prozess können Sie methodisch unterstützen. Ziel ist die **Entwicklung einer tragfähigen, lernintensiven Beziehung** (vgl. Geißler 2002, S. 129).

1.2 | Wo liegt das eigentliche Problem?

Unsicherheit überwinden

Der Anfang eines Semesters ist für die meisten Studierenden wie auch für den Lehrenden eine **offene Situation**, beiden Seiten fehlt die Orientierung. Die Reaktionen, die daraus resultieren, können Unsicherheit, Zurückhaltung, Abwarten und vor allen Dingen Schweigen sein. Die Teilnehmer befinden sich überwiegend in einer passiven Rolle und erwarten Aktivität zur Reduktion ihrer Unsicherheit, aber sie erwarten diese nicht von den Mitteilnehmern, sondern vom Dozenten (vgl. Geißler 2002, S. 29).

Ihre Rolle sieht es nun vor, initiativ zu werden und die **Leitung zu übernehmen**. Hierzu gilt es, die Situation zu strukturieren und dafür entsprechende Vorgaben zu machen. Allerdings nicht für die gesamte Lehrveranstaltung, sondern zunächst für die Möglichkeit, sich näherzukommen. Als Dozent stellen Sie in dieser unstrukturierten, unübersichtlichen, sozusagen »leeren Situation« den deutlich sichtbaren, institutionell herausgehobenen Orientierungspunkt dar. Damit verbunden ist eine Vielzahl von Erwartungen, die Sie als Dozent erfüllen oder enttäuschen können. Folglich sollten Sie sich zuerst untereinander bekannt machen, Erwartungen abklären und mögliche Inhalte vorstellen. Bestenfalls vereinbaren Sie mit den Studierenden einen Lehr-Lern-Vertrag.

Orientierung bieten

Lehr-Lern-Vertrag

1.3 | Was ist zu Anfang wichtig?

Zu Beginn des Semesters empfehlen wir, folgende Schritte zu beachten:
- Kennenlernen und positives Lernklima schaffen
- Erwartungen abklären
- eigene Vorstellungen und Inhalte vorstellen
- Regeln vereinbaren (Lehr-Lern-Vertrag).

Erste Schritte

Diese Reihenfolge sollte, wenn möglich, auch beibehalten werden.

Wie lässt sich dieses Kennenlernen organisieren?
Für die Kennenlernphase gibt es eine Reihe von Übungen. Ein sachlicher Einstieg mit einer **klassischen Vorstellungsrunde** ist jedoch keineswegs einfallslos. Denn ein echtes Kennenlernen entwickelt sich – wenn überhaupt – sowieso erst im Lauf der Veranstaltung.
Durch eine kurze Vorstellungsrunde (S. 3) oder Aufstellungen nach diversen Merkmalen (S. 5/S. 18) wird ein Gefühl von Heimat, Geborgenheit und Vertrautheit geschaffen; es reicht dabei aus, wenn jeder Anwesende oder fünf bis sechs Kommilitonen nur drei Sätze über sich selber preisgeben.
Wenn Sie eine Großveranstaltung moderieren, in der Ihnen eine Vorstellung der Studierenden nicht machbar oder sinnvoll scheint, dann sollten Sie wenigstens sich selbst den Studierenden vorstellen. Unterschätzen Sie die Wirkung nicht!
Diese **Anfangs- und Orientierungsphase** kann den gesamten Verlauf einer Veranstaltung prägen und sich auf das Lernklima auswirken.

Übersicht

Beispiele

Erwartungen abklären
Damit klar wird, welche Ziele Sie als Lehrender haben und welche Wünsche die Studierenden mitbringen, ist es für ein teilnehmerorientiertes Arbeiten beinahe eine Pflichtaufgabe, die gegenseitigen Erwartungen abzuklären. Dies birgt allerdings einige Risiken. So stellt sich für die Studierende etwa die Frage:
- Muss ich/soll ich/kann ich etwas sagen?

Und für die Lehrenden:
- Wie gehe ich mit diesen Erwartungen um?
- Was ist, wenn mein Angebot den Erwartungen nicht gerecht wird?
- Wie gehe ich mit der Gruppe um?

Um diesen Risiken vorzubeugen, schlagen wir folgende Maßnahmen vor:
- Nicht zu viel erwarten.
- Erwartungen steuern, z. B. durch entsprechende Vorinformationen und Ankündigungen.
- Bezug auf die Erwartungen nehmen, nachfragen.
- Themen eingrenzen und strukturieren.

Wenn Sie für eine Doppelstunde oder ein Semester zu viel Stoff haben und diesen nicht selbst auswählen wollen – oder wenn Sie möglichst zielgenau die **Erwartungen Ihrer Teilnehmer** befriedigen möchten –, bietet sich an, diese **abzufragen**.

Beispiele

Einfachste Möglichkeit: Sie stellen sich an die Tafel oder den Overheadprojektor, lassen sich aus dem Publikum Stichworte zurufen, und notieren sie für alle sichtbar mit (Wissenspool, S. 11).

Länger dauert eine Kartenabfrage (S. 8), sie ist aber verbindlicher und gründlicher.

Inhalt und Ziele erläutern

Einstieg erleichtern

Sie kennen jetzt die Erwartungen der Studierenden. Stellen Sie nun Ihre **eigenen Vorstellungen** zum Semester oder zur Lehrveranstaltung vor. Ein kurzer Abriss (fünf Sätze) dessen, was Ihnen in der kommenden Lerneinheit wichtig ist, kann für die Teilnehmer als Einstieg hilfreich sein. Knüpfen Sie dabei an die Erwartungen und Interessen der Studierenden an. Die Teilnehmer wollen wissen, was sie aus der Veranstaltung mitnehmen können bzw. sollen: Speziell in Wahl(pflicht)veranstaltungen dient diese Anfangsmitteilung auch dazu, dass die Teilnehmer noch einmal entscheiden können, ob sie in dem jeweiligen Angebot wirklich richtig sind.

Regeln vereinbaren

Höhere Verbindlichkeit

Immer wenn Störungen in Unterrichtseinheiten (Leute kommen zu spät, ständige Unruhe, nicht ausreden lassen) auftreten, ist es sinnvoll, miteinander über die **Regeln im Umgang** zu sprechen. Vorteil: Alles, was ausgesprochen, festgehalten und vereinbart wird, dient als Messlatte, auf die alle jederzeit zurückgreifen können. Unserer Meinung nach ist es wünschenswert, diese Regeln mit den Studierenden gemeinsam zu vereinbaren, sprich die Studierenden zuerst zu fragen, welche Regeln Sie sich wünschen. Sie werden erstaunt sein, wie streng die Studierenden mit sich sind – meistens weichen die gewünschten Regeln kaum von Ihren Vorstellungen ab. Der eigentliche Sinn dieser Maßnahme ist aber, dass die Verbindlichkeit dieser Regeln viel höher liegt, wenn sie von den Studierenden selbst formuliert werden.

Hier ein paar Musterfragen:
- Was wollen wir gemeinsam als die zu bewältigenden Probleme und Situationen, als die zu beantwortenden Fragen ansehen?
- Welche objektiven Lernerfordernisse ergeben sich aus der Beantwortung der ersten Frage?
- Welche subjektiven Lernwünsche und Bedürfnisse bestehen von Ihrer Seite aus?
- Wie wollen wir miteinander umgehen (Sozialformen)? Dazu gehören auch Themen wie Pünktlichkeit, Handybenutzung, Umgangston usw.
- Womit wollen wir beginnen (Aufbau, Zeitgestaltung)?
- Welche Arbeitsformen wählen wir (Lehrmethoden)?
- Wer wird für was verantwortlich sein (Rollenverteilung)?
- Wer hat die Verantwortung für welche Teile im Lehr- und Lernprozess?
- Wie sind die ECTS-Punkte vergeben, was bedeutet »Workload«?

Musterfragen

2 »Lernen ist nicht machbar« – eine Begründung für die Forderung nach aktivierenden Lehrmethoden

Paradigmenwechsel

Wer sich mit dem Thema Lehre an Hochschulen beschäftigt, stößt über kurz oder lang auf die Formulierung »The Shift from Teaching to Learning«. Dieser **Wechsel vom Lehren zum Lernen** umfasst u. a. eine Beteiligung der Lernenden am Unterrichtsgeschehen, selbstgesteuertes Lernen und damit den Wandel der Rolle des Dozenten vom Lehrenden zum Lernbegleiter oder Coach. Der Fokus des Lerngeschehens liegt also nicht mehr auf dem Lehrenden, sondern auf dem Lernenden. Auf der theoretischen Ebene der Pädagogik hat dieser Paradigmenwechsel bereits stattgefunden, in der Praxis des Hochschulalltags wurde er allerdings noch nicht realisiert.

Dieser Wechsel ist auch Bestandteil des Bologna-Prozesses (vgl. Bologna-Erklärung der Europäischen Bildungsminister 1999). Entsprechende didaktische Methoden wurden für die Entwicklung von neuen Studiengängen gefordert, allerdings in der Praxis nicht vollzogen. Hochschulangehörige sind demnach aufgefordert, die Lehre aus der Perspektive des Lerners neu zu durchdenken und den Unterricht entsprechend zu gestalten. Von den Studierenden hingegen wird Autonomie, Selbstorganisation und -steuerung, aber auch Verantwortung für den Lernprozess erwartet (vgl. Schneider, Szczyrba, Welbers, Wildt 2008, S. 5).

Wie können Sie der Forderung – wenn man sie als solche betrachtet – des »Shift from Teaching to Learning« nachkommen? Mit welchen Methoden können Sie die Erkenntnisse der Pädagogik für die Gestaltung Ihres eigenen Unterrichts nutzen?

Konstruktivismus

Die Pädagogik bietet Ihnen hierzu eine Erkenntnistheorie – den Konstruktivismus – an. Dieser Ansatz geht davon aus, dass jedes Individuum **rationales Wissen selbst konstruiert**. »Unsere Wirklichkeit ist nur unsere Konstruktion«, so von Glasersfeld, ein Kybernetiker (vgl. Hörbarth 2007, S. 23). Die Kernthesen, die die Pädagogik aus diesen oder ähnlichen Aussagen für sich zieht, sind folgende:

Kernthesen

- Wissen entsteht durch eine interne subjektive Konstruktion von Ideen und Konzepten.
- Der Lernende generiert im Lernprozess eine eigene Sichtweise der Information, die abhängig von seinem Entwicklungsstand, seinem Wissen und seinen bisherigen Erfahrungen entsteht.
- Diese implizite Selbststeuerung des Prozesses bewirkt, dass der Lernende seinen eigenen Weg findet (und finden muss!), um möglichst effektiv seinen Wissensstand durch die dargebotene Information zu erweitern.

2.0 Lernen ist nicht machbar

Daher ist Lehre in diesem Zusammenhang als ein **Wissensangebot** zu betrachten und bleibt in der Verfügung und Verantwortung des Lernenden. Wissen kann nicht von A nach B transportiert werden. Lernen ist eine eigenständige und aktive Tätigkeit. Der Stellenwert von Lernanstößen bleibt allerdings groß. Diese Lernanstöße zu schaffen, ist die Aufgabe des Lehrenden. Da jeder Lernende **individuelle (Lern-)Erfahrungen** und Kenntnisse mitbringt, erfordert es natürlich eine geplante Auswahl von didaktischen Methoden. Denn im Unterricht soll jeder Lernende erreicht werden. Eine Kartenabfrage (S. 8), ein Wissenspool (S. 11) oder ein Kugellager (S. 14) kann Ihnen unter anderem dabei helfen, diese Unterschiede erkennbar zu machen. Mithilfe von Diskussionen (s. Methoden zur Diskussion S. 35 ff.) oder Gruppenarbeiten machen Sie unterschiedliche Wissensstände von Studierenden sichtbar und können sie ausgleichen.

Lernanstöße schaffen

Beispiele

Die Erfahrung der letzten Jahre hat gezeigt, dass die Studierendengruppen immer heterogener werden. Lehrende an den Hochschulen berichten immer häufiger von Problemen, die unterschiedlichen Wissensstände der Studierenden auf ein einheitliches Niveau zu bringen. Zukünftige Entwicklungen – etwa der Zugang zu Hochschulen für Gesellen mit Berufserfahrung oder Meister – werden diese Problematik sicher noch verstärken. Umso wichtiger wird es, mit Methoden zu arbeiten, die Diskussionen und eine aktive Beteiligung am Unterricht beinhalten.

Heterogene Studierendengruppen

Aktivierende Methoden ermöglichen, dass sich die Studierenden mit dem Lernstoff auseinandersetzen und miteinander über die Inhalte diskutieren.

Beispiele

Liegt der Schwerpunkt auf dem Erwerb neuer Kenntnisse, sind vor allem das Gruppenpuzzle (S. 26) oder der Infomarkt (S. 30) gute Unterrichtsmethoden. Die Studierenden diskutieren hier über bestimmte Inhalte, stellen sich gegenseitig Fragen und erklären sich die Sachverhalte selbst. Der Infomarkt beinhaltet zusätzlich eine Visualisierung der Arbeitsergebnisse durch die Studierenden.

Lehrende die mit diesen Methoden arbeiten, nehmen dadurch eine Rolle als **Begleiter, Coach oder Moderator** ein. Sie tragen nicht die Verantwortung für den Lernprozess an sich. Und sie können nicht beeinflussen, **was** im Lernprozess gelernt wird. Die Lehrenden sind aber dafür verantwortlich, dass ihre Lehre Lernprozesse entstehen lässt. Sie müssen sich um die fachliche **und** didaktische Qualität Ihrer Lehre bemühen und den Studierenden Zugänge zur Thematik erleichtern.

Rollenwechsel

»Lehre« im Sinne einer reinen Vorlesung passt natürlich nicht in ein solches Konzept, ist aber, wie eingangs erwähnt, als kompetentes und professionelles Angebot manchmal unverzichtbar. Und zwar immer dann, wenn Strukturen dargestellt werden sollen oder komplexe Zusammenhänge erklärt werden müssen. **Lernerorientierte Didaktik ist allerdings**

2.1 Theoretische Hintergründe

nachhaltiger, dies wurde in vielen Studien belegt. Lernergebnisse und Lehrmethoden stehen in Wechselbeziehung (vgl. Berendt 2005, S. 39). Steht der Lerninhalt in einem konkreten Bezug zur Praxis, können die Studierenden also unmittelbar anhand eines Beispiels üben, erhöht dies die Akzeptanz des angebotenen Stoffes und die Behaltenswahrscheinlichkeit steigt ebenso wie das allgemeine Interesse am Fach.

Eine detailliertere Beschreibung und theoretische Darlegung dieser Aussagen ist in den folgenden Unterpunkten zu finden.

2.1 | Wie ist dieser Paradigmenwechsel entstanden?

Perspektivenwechsel

In der Erwachsenenbildung spricht man etwa seit den 1970er-Jahren von einer »neuen Lehr- und Lernkultur«. Im Fokus steht dabei das Prinzip der **Teilnehmerorientierung**, welches die Erfahrungen und Interessen der Teilnehmer in den Mittelpunkt stellt (vgl. Heuer 2001, S. 16). Um diesen Wechsel des Blickwinkels von den Lehrenden (Dozentenzentrierung) hin zu den Lernenden (Lernerorientierung) begründet darzustellen, stellen wir im Folgenden kurz die Entwicklung der lerntheoretischen Ansätze dar.

Zu den traditionellen Lerntheorien gelten behavioristische und später kognitivistische Strömungen. Hier die wesentlichen Merkmale:

Behaviorismus
Bei diesem Ansatz steht das »**Reiz-Reaktions-Modell**« im Mittelpunkt. Der Lehrende präsentiert dem Lernenden geeignete Reize und erzeugt damit ein bestimmtes Verhalten. Ziel der angewandten Didaktik ist es, geeignete Stimuli zu entwickeln, um gewünschte Verhaltensweisen zu erhalten und zu verstärken. Die Prozesse, die dabei im Gehirn ablaufen, sind unwichtig; es gilt als passiver Behälter, in den der Lernstoff gefüllt wird.

Kognitivismus
Mit der anschließenden »kognitivistischen Wende« rücken die im Gehirn ablaufenden **Prozesse im Gehirn** in den Mittelpunkt des Forschungsinteresses. Das Gehirn gilt nun nicht mehr als passiv, sondern als aktives Zentrum der Informationsverarbeitung. Es ist ein verarbeitender Apparat, der durch vielseitige Vernetzung zur kreativen Problemlösung fähig ist (vgl. Müller 2001, S. 5 f.).

Paradigmenwechsel durch den konstruktivistischen Ansatz
Diese traditionellen psychologischen Lerntheorien haben ein reaktives Modell menschlichen Lernens unterstützt. Lernanlässe wurden an den Lernenden herangetragen. Anreize von außen erzeugen erwünschte Verhaltensweisen. Lernt ein Studierender, so ist das eine Veränderung

seines Reiz-Reaktions-Musters. Menschliches Bewusstsein und seine Bedeutsamkeit sind dabei ausgeblendet. Dem Lernenden wird Passivität unterstellt.

Kognitivistische Lerntheorien führten dazu, dass diese Annahmen zunehmend brüchiger wurden. Die Sichtweise der Behavioristen wurde schließlich aufgegeben, die aktive Rolle des Lernenden rückte zunehmend in den Vordergrund. Lernen wurde jetzt von der Person her begründet. Es ist nicht mehr durch äußere Anstöße hinreichend erklärbar, sondern erst durch die von den Individuen selbst hergestellten Bedeutungszusammenhänge zu verstehen (vgl. Faulstich/Zeuner 1999, S. 26 ff.).

Die Person des Lerners steht nun im Mittelpunkt der Betrachtungsweise, die in Bezug auf das Lernen als geschlossenes autopoietisches, d.h. als ein sich auf sich selbst beziehendes System gesehen wird. Der Lerner nimmt aus eigenem Interesse und mit seiner Sichtweise neues Wissen auf. Äußere Anlässe oder Reize gehen beim Lerner mit ein, werden aber vom Individuum aktiv selektiert und hergestellt. Diese Verschiebung der Perspektive hat natürlich Auswirkungen auf die Didaktik. Insgesamt verliert die traditionelle »Belehrungsdidaktik« an Bedeutung zugunsten einer »**Ermöglichungsdidaktik**«. Für effektives und nachhaltiges Lernen braucht man Lehrmethoden, die Prozesse zur selbsttätigen und selbstständigen Wissenserschließung und Wissensaneignung ermöglichen (vgl. Siebert 2006, S. 18).

Definition

Genau dies ist auch die Forderung des Bologna-Prozesses für die Hochschuldidaktik: Studierende sollen im Mittelpunkt des »Lerngeschehens« stehen, und zwar in der Beziehung, dass Lernanlässe geschaffen werden müssen, in denen sie sich neues Wissen selbst erschließen können. Aktivierende didaktische Methoden kurbeln solche Prozesse an und lassen sie stattfinden. Damit man alle Studierenden erreicht, sind unterschiedliche Methoden notwendig. Denn jeder bringt unterschiedliche Vorerfahrungen mit, geht mit dem Wissensangebot verschieden um und verfügt über andere Lernstrategien.

Lerner im Mittelpunkt

»Lernen« im Konstruktivismus
Im Sinne des Konstruktivismus ist das Nervensystem ein autopoietischer, operational geschlossener, selbstreferenzieller Organismus. Die sinnliche Wahrnehmung, das Denken, Fühlen und Erinnern spiegeln keine äußere Welt wider, sondern erzeugen eine eigene Wirklichkeit. Diese Konstrukte können deshalb weder als »wahr« oder »falsch«, sondern höchstens als mehr oder weniger »viabel« bezeichnet werden. Dies bedeutet, sie funktionieren oder haben sich bewährt und ermöglichen das Überleben und ein erfolgreiches Handeln (vgl. Siebert 2006, S. 17). Zwischen Menschen und ihrer Umwelt besteht dennoch eine »strukturelle Koppelung«, sonst wären sie nicht lebensfähig. Aber prinzipiell bleibt uns die **äußere Welt kognitiv unzugänglich**.

Theorie

2.2 Theoretische Hintergründe

Didaktische Ziele

Damit ein Mensch erfolgreich handeln und sich in der Umwelt orientieren kann, braucht er bestimmte Kompetenzen, nicht nur reines Faktenwissen. Ziel einer konstruktivistischen Didaktik ist es, nicht nur notwendiges Wissen sondern Möglichkeiten zur **Kompetenzentwicklung** anzubieten (vgl. Arnold 1999, S. 12). Statt nur Fachwissen und Inhalte zu »vermitteln«, stellt dieser Ansatz den Lehrenden die Aufgabe, den Studierenden Methoden an die Hand zu geben, mit denen sie im späteren Berufsleben – entsprechend den sich permanent ändernden Anforderungen – Probleme analysieren und kreative Lösungen entwickeln können.

2.2 | Lernen ist ein aktiver Prozess

Dieser Perspektivenwechsel lenkt den Blick **von der Instruktion zur Aneignung**. Der Wechsel des Paradigmas von der Lehre zum Lernen lässt wichtige Grundannahmen pädagogischen Handelns entfallen. Zum Beispiel diese, dass gelernt wird, was gelehrt wird (vgl. Nuissl 2002, S. 12). Lernen ist demnach schwer zu beeinflussen. Siebert spricht in diesem Zusammenhang davon, dass Lernen nicht machbar ist. Niemand lernt etwas von einer Lehrperson, wenn er nicht will (vgl. Siebert 2006, S. 216).

Fazit: Entscheidend ist, wie Sie Lernen anbieten, mit welchen didaktischen Konzepten Sie Lerninhalte vorstellen und damit Lerninteresse wecken – oder in Faulstichs und Zeuners Worten, wie die Bedeutungshaftigkeit der Lernperson geweckt und hergestellt wird. Somit ist deutlich, dass ein passives **»Pipeline-Modell«** vom »Wissenfüllen in leere Köpfe« nicht funktionieren kann. Studierende, also erwachsene Lerner, stehen in individuellen, vielfältigen Kontexten, nehmen Situationen unterschiedlich wahr und verarbeiten diese in ihrer jeweiligen Biographie und Vergangenheit. Es handelt sich folglich immer um ein Anschluss- und Deutungslernen, denn es findet in Rückbezug auf Lebens- und Lernerfahrungen aus der Kindheit, der Schule oder eventuell dem Arbeitsplatz statt (vgl. Faulstich/Zeuner 1999, S. 36).

Lösung: Praxisbezug

Natürlich ist es schwierig, in einer Lehrveranstaltung mit 60 Studierenden (in Grundlagenveranstaltungen oft auch mehrere Hundert Studierende), auf die Individualität des Einzelnen einzugehen. Wie können Sie in diesem Kontext die geforderte Bedeutungshaftigkeit und das Interesse der Studierenden wecken? Indem Sie Bezüge zur Praxis herstellen, Beispiele bringen. Wenn das Gelernte sofort angewendet werden kann, sind Sie auf dem richtigen Weg. Auch in großen Gruppen kann dieser Ansatz realisiert werden. Selbstverständlich ist dann der Organisations- und Betreuungsaufwand beim Einsatz von aktivierenden Methoden höher, eventuell lassen sich dafür aber Tutoren engagieren.

2.3 | Lernen Studierende anders als Kinder?

Gibt es Besonderheiten beim Lernen Studierender? Ja, denn Studierende sind Erwachsene, und die lernen grundsätzlich anders als Kinder. Deshalb hier ein Ausflug in die Erwachsenenbildung.

Beim Erwachsenenlernen geht es grundlegend um die **Entfaltungs- und Beteiligungsmöglichkeit der Person**, um Bildung, nicht nur Qualifizierung für bestimmte Verwertungszusammenhänge. Erwachsenen wird oft eine gewisse Lernunfähigkeit und Trägheit unterstellt. Entgegen zahlreichen Mythen von der mangelnden Lernfähigkeit Erwachsener hat die moderne Entwicklungspsychologie des Erwachsenenalters eine erstaunliche Plastizität der Lernfähigkeit bis ins hohe Alter herausgearbeitet. **Lernwiderstände und Lernmüdigkeit** sind Resultate bisheriger Lernerfahrungen, eine altersbedingte Grenze der Lernfähigkeit existiert aber nicht.

Erwachsenenlernen

Der Mensch lernt, weil er eine Veränderung als notwendige Anpassung oder als lustvoll erlebt. Sie ist notwendig, weil sonst sein autopoietisches, subjektives Gleichgewicht in Gefahr gerät. Er erlebt es als lustvoll, weil er in seiner individuellen Lerngeschichte Lernen als positives Wachstum, als Zugewinn für sein System einzustufen gelernt hat.

Lernen heißt im weiteren Sinne also Zuwachs oder Veränderung. Die Signale, die über die Sinne gesendet werden, werden im Gehirn verarbeitet und es wird ihnen Bedeutung zugeordnet. Diese Bedeutungszuweisungen verarbeitet das Gehirn auf der Grundlage früherer interner Erfahrungen und stammesgeschichtlicher Festlegungen (vgl. Gross 2001, S. 1 ff.). Erwachsene verfügen im Vergleich zu Kindern durch ihr Lebensalter bereits über einen enormen individuellen Umfang von **Erfahrungen und Festlegungen**. Daraus ergeben sich einige Konsequenzen für den Hochschulalltag.

Definition

Lernerfahrung und vorhandene Lernstrategien

Abhängig davon, ob Studierende gute oder schlechte Lernerfahrungen in der Vergangenheit gemacht haben, fällt es ihnen schwerer oder leichter, sich neuen Lernsituationen zu stellen.

Sie bringen ihre individuellen Lernerfahrungen mit ins Studium. Meist verfügen sie über eine hohe Motivation und freuen sich darauf, einen neuen Lebensabschnitt zu beginnen. Negative Lernerfahrungen können diese Motivation allerdings negativ beeinflussen. Das schlägt sich beispielsweise in schlechten Lernergebnissen nieder. Immer mehr Hochschulen bieten daher sogenannte Einführungstage oder Erstsemesterveranstaltungen an, bei denen das »Lernen lernen« thematisiert wird. So können bisherige schlechte Erfahrungen mithilfe neuer Strategien überwunden werden. Solche Angebote werden von den Studierenden meist sehr gut angenommen. Wenn Ihre Hochschule diese Möglichkeit nicht anbietet, sollten Sie auf alle Fälle in Ihrer Lehrveranstaltung mit den Studierenden das Thema Lernen ansprechen.

Geringe Adaptionsfähigkeit

Die Anpassungsfähigkeit an neue Lernsituationen und Lerninhalte ist aus oben genannten Gründen bei Erwachsenen meist geringer ausgeprägt als bei Kindern. Werden beim Lernen neue Einsichten gewonnen, dauert es bei Erwachsenen länger, diese in vorhandene Wissens- und Wertesysteme einzuordnen.

Erfahrungen nutzen

Dieser Erfahrungsschatz, den die Studierenden in die Lehrveranstaltung mitbringen, sollte nicht unterschätzt werden. Gerade an Hochschulen für angewandte Wissenschaften und bei Masterstudiengängen im Allgemeinen gibt es viele Studierende, die entsprechend ihrem Alter über Lebens- und Berufserfahrung verfügen. In der Lehrveranstaltung können Sie diese Ressourcen nutzen, indem Sie mit Methoden arbeiten, die es den Studierenden ermöglichen, sich einzubringen und austauschen. Um wirklich gute Lernergebnisse zu erzielen, brauchen sie dafür aber auch die nötige Zeit, um das angebotene Wissen einordnen zu können. Das hat natürlich zur Folge, dass Sie bei Ihrer Veranstaltungskonzeption zugunsten von daraus entstehendem Tiefenlernen auf einen zu umfangreichen Lehrinhalt verzichten sollten.

Größere Selbstständigkeit

Die Studierenden wollen in der Regel Lernziele und Wege möglichst umfassend selbst bestimmen.

Selbstbestimmung fördern

Das von den Konstruktivisten geforderte selbstorganisierte Lernen, im kleinen wie auch im großen Umfang, kommt diesem Bedürfnis nach Selbstbestimmung sehr entgegen. Die Studierenden können mit solchen Methoden ihre Lernwege selbst entdecken und damit effektiver lernen. Die Lernziele müssen nicht immer im Detail vorgegeben werden. Da manche Studierende über mehr Kenntnisse verfügen als andere, unterscheiden sich konsequenterweise auch deren Lernziele. Dies betrifft allerdings nicht die allgemeinen Lernziele einer Lehrveranstaltung.

Höheres Bedürfnis nach Struktur

Strukturen liefern

Erwachsene äußern in der Regel sehr deutlich ihre Bedürfnisse nach Strukturierung, Ordnung, Übersicht und logischen Zusammenhängen.

An den Hochschulen ist dies gerade bei technischen Studiengängen zu beobachten. Liefern Sie Ihren Studierenden daher diese Strukturen in Form einer Gliederung und durch die Darstellung des Zusammenhangs zu anderen Fächern und späteren Berufsfeldern. An diese Strukturen können neue Erkenntnisse angegliedert werden. Sie ergeben so im Lauf der Zeit ein vollständiges (Wissens-)Bild.

Selbstkontrolle versus Spontaneität

Erwachsene gehen lieber auf »Nummer sicher«, haben ein hohes Maß an Selbstkontrolle und setzen in der Regel ihre linke Gehirnhälfte zum Lernen ein.

Übersicht bieten

Bei Studierenden ist unserer Erfahrung nach beides vorhanden: Selbstkontrolle und Spontaneität. Geben Sie ihnen einen Überblick über die entsprechende Lerneinheit und stellen Sie dar, was das Arbeitsergebnis beinhalten sollte. Sie werden trotzdem kreative, aber auch gut durchdachte Ergebnisse erhalten.

Schlechtere Merkfähigkeit und größerer Zeitbedarf
Die reine Gedächtnisleistung ist bei Erwachsenen schlechter als bei Kindern. Die Notwendigkeit der Vernetzung mit vorhandenem Wissen und die Rolle der Wiederholung sind daher sehr groß (vgl. Gross 2001, S. 1 ff.).

Durch Übungen und Wiederholungen können die Studierenden die neu erworbenen Erkenntnisse unmittelbar anwenden. Damit haben sie die Chance, neue Erkenntnisse nachhaltig zu verankern. Es ist unserer Meinung nach erstrebenswert, in der Lehrveranstaltung die Fülle der Inhalte auf die wirklich wichtigen zu reduzieren. Für diese ausgewählten Aspekte ist dann genügend Zeit vorhanden. Und die Studierenden können sich mit diesen Inhalten intensiv auseinandersetzen und sie ausreichend üben.

Reduktion auf Wesentliches

Nachhaltiger Wissenserwerb entsteht nur dann, wenn Lernen interessengeleitet ist, emotional und sozial stimmig an Erfahrungen anschließt und an bestehende Wissens- und Kompetenzbestände angedockt werden kann (vgl. Nuissl 2002, S. 10). Die Neugier der Menschen entsteht vor allem, wenn man neues Wissen und neue Kompetenzen an Bestehendes anbinden kann.

Wissen anbinden

2.4 | Was soll eine entsprechende Didaktik beinhalten?

Didaktik ist die Wissenschaft vom Lehren und Lernen und ihren Zusammenhängen im unterrichtlichen Interaktionsgeschehen. Sie beinhaltet prinzipiell die Vermittlung zwischen Sachlogik des Inhalts und Psychologik des Lernenden. Zur Sachlogik gehört die Kenntnis der Strukturen und Zusammenhänge der Thematik, zur Psychologik die Berücksichtigung der Lern- und Motivationsstrukturen der Adressaten (vgl. Siebert 2006, S. 1 f.).

Definition

Wie können Sie die bisher beschriebenen Erkenntnisse an Ihrer Hochschule umsetzen? Grundlage ist ein Ansatz, der **partizipatives und kooperatives Lernen** fördert. »Ermöglichungsdidaktik« steht der »Herstellung von Wissen« gegenüber.

Angestrebt wird die **Ermöglichung von Lernprozessen,** in denen die Eigenaktivität des Lernenden ausreichend Platz hat (vgl. Gomez-Tutor 2001, S. 316). Lernende brauchen keine fertigen Lösungen, sondern Vertrauen in ihre Fähigkeit, eigenständige Lösungen für ihre Lernvorhaben zu entwickeln. Also weg von einer **Defizitorientierung hin zu einer Ressourcenorientierung.**

2.5 Theoretische Hintergründe

Hauptelemente Die wichtigsten Elemente dieses neuen Ansatzes sind:

- **Die Aufhebung der Trennung von Lehre und Lernen:**
  Lehrende und Lerner steuern gemeinsam ihren spezifischen Beitrag zum Lehr-Lernprozess bei. Diese Aufhebung setzt kommunikative und erfahrungsoffene Lernprozesse voraus, in denen sich die Beteiligten kontinuierlich über die einzelnen lernrelevanten Aspekte verständigen und diese mit ihren Erfahrungen in Einklang bringen. Eine solche Vorgehensweise verschafft den Lehrenden wie den Lernenden zudem eine Rückmeldung über ihren Stand im Lernprozess.

- **Die Reduzierung des Lernens im Gleichschritt:**
  Individuelle Lernprozesse, die mit der individuellen Gestaltung von Lernschritten bzw. -phasen verbunden sind, sollen im Vordergrund stehen. So haben die Studierenden die Chance, Selbstverantwortung im Lernprozess zu übernehmen.

- **Die Überwindung des einseitigen Methodenbesitzes im Lehr-Lernprozess:**
  Lerner brauchen ebenfalls Methoden zur Gestaltung von Lernprozessen. Dazu gehören geeignete Methoden und Lernstrategien sowie Selbstevaluationsmöglichkeiten, um diese aktiv und selbstgesteuert durchführen zu können.

- **Die Milderung des Vorranges von Lerngegenständen bzw. -inhalte:**
  Klärung der Fragen: Welches Wissen ist wichtig? Welche Inhalte sind strukturbildend und stellen Zusammenhänge und Anschlusswissen dar (vgl. Gomez-Tutor 2001, S. 316)?

Interaktion ermöglichen **Fazit:** Erwachsene Lerner brauchen Raum, in dem eigene Lernprozesse ablaufen. Die von uns angebotenen Methoden, die überwiegend der Aktivierung und der Miteinbeziehung von Studierenden dienen, beinhalten unserer Meinung nach die oben genannten Punkte. Nur solche Methoden, die die Interaktion von Studierenden untereinander ermöglichen, machen Lernprozesse sichtbar. Erst wenn diese sichtbar sind, kann der Lehrende als Fachexperte zur Verfügung stehen. Und nur wenn Studierende auch wirklich am Lerngeschehen beteiligt sind, können sie die Verantwortung für den Lernprozess übernehmen.

2.5 | Konsequenzen für die Rollen und Kompetenzen der Lehrenden

Durch die Lernerorientierung, verändert sich auch das Profil eines Dozenten der Erwachsenenbildung **weg vom Lehrer, hin zum »Lernhelfer«**.

Kontrolle abgeben Dieses Loslassen ist für die Lehrenden unserer Erfahrung nach nicht einfach. Dass sie Lernprozesse aus der Hand geben sollen, setzen viele Lehrende mit dem Verlust der Steuerung des Lernens gleich. Sie haben das Gefühl, die Kontrolle darüber zu verlieren, was bei den Studierenden »ankommt«. Nach konstruktivistischer Sicht ist dies aber ohnehin nicht möglich. Wissen kann nicht einfach weitergegeben werden. Auch die Lehrenden müssen hier noch einiges lernen.

Heute spricht man vom Typus des »**Lernermöglichers**«, der eine unauffällige Rolle einnimmt. Er sollte die Teilnehmer nicht nur belehren, sondern zum eigenständigen Lernen und zur Auseinandersetzung mit verschiedensten Inhalten anregen (vgl. Heuer 2001, S. 15). Der Lernende ist das **Subjekt von Aneignungsprozessen** und lernt in eigener Regie (vgl. Nuissl 2000, S. 60). Lehrende und Lerner sind gleichberechtigte Interaktionspartner. *Rollenwechsel*

Wer eine Lehrveranstaltung plant, sollte sich von einer Machbarkeitsillusion, mit der man Lernen schaffen kann oder will, verabschieden. Das bedeutet allerdings nicht, dass Planungs- und Lenkungsversuche insgesamt aufgegeben werden müssen (vgl. Faulstich/Zeuner 1999, S. 70). Bei der Konzeption von Lehrveranstaltungen steht vor allem die didaktische Planung im Mittelpunkt: Gibt es aktivierende Elemente? Wann ist ein Input des Dozenten angebracht? Welche Art der Visualisierung ist sinnvoll? Und wie gestalte ich einen Spannungsbogen?

Als Lehrender sind Sie Berater: In Gesprächen mit Lernenden eruieren Sie, welche Lernziele, -inhalte, -methoden und -medien geeignet sind. Bei auftretenden Problemen während einer Veranstaltung stehen Sie als Lernberater zur Seite und räumen z. B. Missverständnisse aus dem Weg oder vermitteln bei Kontroversen. *Funktion*

Diese Beratungsfähigkeit erfordert besondere Kenntnisse und Fähigkeiten, welche, so Nuissl, in drei Bereichen liegen:
- im psychologischen Bereich: sensibles Einfühlen, einordnende Aussagen, Verständnis der gesamten Person.
- im Bereich der Interaktion: Zuhören, Verstehen, Wahrnehmen.
- im Bereich der Selbstreflexion: ins Beratungsgespräch einbringen, andererseits aber die nötige Distanz wahren (vgl. Nuissl 2000, S. 25).

Was hilft Ihnen dabei, diese Rollen auszufüllen?
- Ihre **Fachkompetenz** über den jeweiligen Stand der wissenschaftlichen Diskussion, über neue Erkenntnisse und Verfahrensregeln. Zudem sollten Sie sich kritisch reflektierend mit diesem Wissen auseinandersetzen, nur so kann man in Diskussionen mit Lernenden überzeugen (vgl. Faulstich/Zeuner 1999, S. 21). *Kompetenzen*
- Ihre **Methodenkompetenz** stellt Ihr »Handwerkszeug« dar. Die Beherrschung dieses methodischen Instrumentariums ist nach wie vor zu wenig verbreitet. Auch wird in diesem Zusammenhang öfter die Meinung vertreten, Lehrkompetenz sei so etwas wie eine Persönlichkeitskomponente, die nicht erlernbar sei. Diese Position lehnen wir ab. Alle Bereiche der Lehre sind unserer Meinung nach auch erlernbar. Persönlichkeit spielt in sozial organisierten Lehr-/Lernprozessen dennoch eine herausragende Rolle.

- Ihre **persönliche und soziale Kompetenz** hilft Ihnen, Ihr eigenes Handeln zu reflektieren. Sie sollten über Verhaltensstrategien und Umgangsstile verfügen, die gleichberechtigtes Handeln in der Kommunikation, bei Konflikten und in der Kooperation ermöglichen (vgl. Faulstich/Zeuner 1999, S. 22). Wichtig ist in der Lehre aber auch die Fähigkeit, Gruppen zu steuern, schwierige Situationen zu meistern und die Bedürfnisse der Studierenden zu erkennen (vgl. Lievenscheidt 2001, S. 110).

3 Was sagen die Neurodidaktiker dazu?

»Das Gehirn lernt immer, es kommt darauf an, wie wir die Umgebung gestalten, damit das richtig klappt.«

(Manfred Spitzer)

In den letzten Jahrzehnten haben sich auch die Medizin und andere naturwissenschaftliche Richtungen mit Lernprozessen bzw. der Frage, welche Auswirkungen Lernprozesse auf Gehirnstrukturen haben, beschäftigt. Dazu, wie der Mensch lernt, liefert die Neurowissenschaft erstaunliche Aussagen. Die Forschungsergebnisse auf diesem Gebiet haben sich in den letzten zehn Jahren durch den Einsatz bildgebender Verfahren, die im Gehirn ablaufenden Prozesse sichtbar machen, rasant entwickelt, sodass auch diese Wissenschaftler von einem **Paradigmenwechsel im Bereich der Lerntheorien** sprechen (vgl. Bildungsserver Baden-Württemberg 2007).

Impulse aus der Forschung

Der Begriff »Neurodidaktik« wurde 1988 durch den Freiburger Wissenschaftler und Fachdidaktiker Gerhard Preiß, Professor für Didaktik der Mathematik, geprägt. Er hat diesen Begriff vorgeschlagen, um die interdisziplinäre Aufgabe zu beschreiben, eine Brücke zwischen Hirnforschung und Didaktik zu schlagen.

Definition

Die **Neurodidaktik** geht von einer prinzipiellen Lernfähigkeit des Menschen aus und sucht nach den Bedingungen, unter denen sich Lernen am besten entfalten kann. Die Schlüsselidee, die Preiß dabei vorstellt, ist die Überzeugung, dass die Plastizität, also die Veränderbarkeit des Gehirns, und die Lernfähigkeit in unauflöslicher Beziehung zueinander stehen. Die Neurodidaktik sieht es als ihre Aufgabe an, neurobiologische Erkenntnisse für die Didaktik aufzuarbeiten, um sie auf den Prozess menschlicher Erziehung und Bildung anzuwenden (vgl. Preiß 2007).

Manfred Spitzer hat 2002 mit seinem Buch »Lernen – Gehirnforschung und die Schule des Lebens« wichtige Impulse gegeben. Darüber hinaus hat er mit diesem Werk, den Anspruch eingelöst, interessierten Menschen einen leichten Einstieg in die Thematik zu ermöglichen.

Auf seine Initiative und nach mehrjähriger Diskussion über die Vernetzung von Ergebnissen der Hirnforschung mit pädagogischen Konzeptionen wurde 2004 in Ulm das »Transferzentrum für Neurowissenschaft und Lernen« gegründet. Das interdisziplinäre Team besteht aus Medizinern, Pädagogen und Psychologen. Gemeinsam arbeiten und forschen sie an der Nahtstelle zwischen Neurowissenschaften und Lernen.

3.1 | Wie funktioniert Lernen aus neurodidaktischer Sicht

Basiswissen Gehirn

Als Grundlage und zum besseren Verständnis hier zunächst einige anatomische Fakten zum Aufbau des Gehirnes: Das Gehirn wiegt etwa 1,4 Kilogramm – das macht zwar nur zwei Prozent des Körpergewichts aus, es verbraucht aber 20 Prozent der Energie des gesamten Körpers. Im Wesentlichen besteht das Gehirn aus Nervenzellen (Neuronen) und aus Faserverbindungen zwischen diesen Neuronen. Diese sogenannten Gliazellen bilden ein Stütz- und Versorgungsgewebe für die Neuronen und nehmen an der Erregungsverarbeitung teil. Die Gestalt der Neuronen ist verschieden, es existieren im Gehirn etwa hundert verschiedene Typen von Neuronen.

Neuron

Jedes Neuron besitzt weite Verzweigungen (Dendriten) und einen langen Fortsatz, das Axon. Sowohl an Dendriten als auch am Zellkörper des Neurons enden die Axone anderer Nervenzellen mit verknüpfenden Synapsen (siehe Darstellung unten). Die einzelnen Nervenzellen sind vielfältig miteinander verbunden. Die Übertragung eines Nervenimpulses von einem Neuron zum anderen geschieht an einer Synapse. Je nach Stärke der Übertragung kann der gleiche Impuls das eine Neuron erregen, das andere jedoch nicht.

Neuronale Netzwerke

Etwa 20 Milliarden Neuronen des Großhirns sind mit jeweils bis zu 10 000 anderen Neuronen verbunden und bilden ein unüberschaubares Netzwerk, das alles Denken, Lernen, Fühlen und Handeln hervorbringt (vgl. Spitzer 2002, S. 13). Das Dogma der heutigen Neurobiologie lautet deshalb, dass alle Leistungen des Gehirns aus den Integrationsleistungen einzelner Nervenzellen resultieren. Das Gehirn ist somit das an-

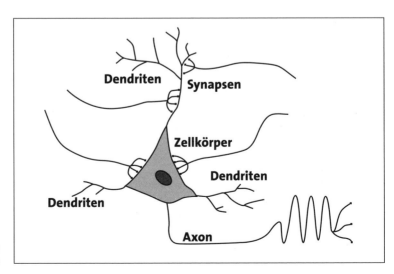

Neuron
Beck 2003, S. 2

passungsfähigste Organ des Menschen und zugleich das komplexeste Gebilde des Universums.

Die Forschung der Neurodidaktiker bezieht sich zumeist auf das Kindesalter, allerdings lassen sich die Ergebnisse und Erkenntnisse auch auf Erwachsene übertragen. Der Lernvorgang vollzieht sich stets auf gleiche Art und Weise – egal in welchem Alter. Unterschiedlich ist nur die Dauer des Lernprozesses, der im Alter länger dauert. Das Gehirn hat die Fähigkeit sich ständig den Erfordernissen seines Gebrauchs anzupassen – dies leistet die sogenannte **Neuroplastizität**. Unsere neuronalen Netze sind plastisch, das heißt, sie lassen sich bis ins hohe Alter verändern und entwickeln.

Folgen für die Praxis

Zudem denken und lernen Erwachsene verstärkt in Strukturen und stellen Verbindungen zu Altbekanntem her. Diese Analogiebildungen sind für den Lerner sehr hilfreich. Erwachsene können sie intensiver nutzen als lernende Kinder, die ja auch über einen wesentlich kleineren Erfahrungsschatz verfügen.

3.2 | Wie lernt man denn am einfachsten?

Gerhard Roth, seit 1989 Direktor des Instituts für Hirnforschung an der Universität Bremen, geht in seinen Arbeiten der Frage nach: *Wie gelangt das Wissen der Welt in unser Gehirn, wie wird es verankert, und wie wird es bei der Wahrnehmung der Welt genutzt, um diese zu ordnen?*

Denn das Gehirn ist für das Lernen optimiert und »kann nichts besser und tut nichts lieber«, als ständig zu lernen – vorausgesetzt man geht »richtig« mit ihm um und liefert ihm die »richtigen« Sachverhalte. Nachfolgend seine wichtigsten Antworten.

Eine gute Ausgangslage

Grundlage dafür, dass Lernen stattfinden kann, ist eine ausreichend vorgeformte Gehirnstruktur. Wichtigstes Kriterium ist hier, wie die Synapsen im **Säuglingsalter** geformt und verschaltet werden. Um möglichst viele Verzweigungen zu entwickeln, müssen Kinder möglichst viele und möglichst unterschiedliche eigene Erfahrungen machen. Die Hirnforscher haben darüber hinaus nachgewiesen, dass sichere emotionale Bindungsbeziehungen eine wesentliche Voraussetzung für eine optimale Hirnentwicklung sind (vgl. Beck 2003, S. 3 f.).

Das Gehirn bildet sich seine Regeln selbst

Lernen vollzieht sich auf der Grundlage regelhafter Beispiele, aus denen der Lernende Strukturen und Regeln erkennen und ableiten kann Auf diese Weise entstehen **neuronale Landkarten**. Jede Einzelerfahrung wird registriert, im Hippocampus gespeichert, weitergegeben an die Großhirnrinde, dort zusammengefasst mit anderen Einzelerfahrungen und endgültig abgespeichert. Lernen erfolgt also am Beispiel und nicht durch Instruktion und Beschreibungen. Nur so kann sich im Laufe der Zeit ein Schatz an erworbener allgemeiner Erfahrung ansammeln, der es dem Lerner erlaubt, sich in der Welt zurechtzufinden. Wichtig ist dabei die ständige und regelhafte Wiederholung der Beispiele. Der Input darf nicht chaotisch sein, da sonst keine Regeln abgeleitet werden können. Die Parallelen zur induktiven Stoffentwicklung und zum handlungsorientierten Unterricht sind unübersehbar.

Lernen durch tun
Lernende lernen am erfolgreichsten dadurch, dass sie eine Handlung immer wieder tun – und zwar in den unterschiedlichsten Kontexten und mit verschiedenen Menschen. Das haben die Hirnforscher eindrucksvoll bestätigt: Lebewesen lernen dann am besten, wenn sie aktiv tätig sind. Bloßes Zuschauen und Zuhören genügt nicht. Wir müssen in einen aktiven Dialog mit der Umwelt eintreten, wenn wir lernen wollen.

Lernarrangements, die sich durch einen hohen Grad an **Selbstorganisation** auszeichnen, erlauben dem Individuum, sich seine eigene Denkstruktur aufzubauen.

Lernen mit Struktur
Einzelheiten ergeben nur im Zusammenhang Sinn. Und erst der Zusammenhang und der daraus resultierende Sinn ist es, der die Einzelheit interessant macht. Ohne Orientierung über ein bestimmtes Sachgebiet und dessen grundlegende Begriffe, kann der Lerner mit neuen Fakten nichts anfangen. In der Lehre müssen Lernende also zwei schwierige Aufgaben bewältigen: Wichtiges von Unwichtigem unterscheiden und Kategorien bilden. Wissen im Gehirn zu verankern, ist ein Einordnungsprozess. Jede neue Information muss einen sinnvollen Platz im bereits vorhandenen Wissen einnehmen und sich entsprechend damit vernetzen.

Übung
Nur wenn gelernte Regeln immer wieder geübt werden, gehen sie vom expliziten und sehr flüchtigen Wissen im Arbeitsgedächtnis in Können über, das jederzeit wieder aktualisiert werden kann. Inhalte werden in verschiedenen Regionen gespeichert und je nach Vorerfahrung mit unterschiedlichen anderen Inhalten verknüpft. Unser Gehirn arbeitet nach dem Prinzip der neuronalen Vernetzung. Eindrücke, Bilder und Informationen werden aufgenommen und weiterverarbeitet. Dabei entwickeln sich neue Strukturen oder es vernetzen sich vorhandene Strukturen. Die Häufung ähnlicher Wahrnehmungsmuster führt zur Erweiterung dieses Areals. Daher besteht eine wichtige Aufgabe im Unterricht darin, durch Wiederholungen und durch verstärktes Aufgreifen bereits bekannter Zusammenhänge solche neuronale Prozesse zu nutzen.

Oberkellnergedächtnis versus Lernen für das Leben
Kinder lernen oftmals nach einem »Oberkellnergedächtnisprinzip«: Der Gast ist weg, der Tisch ist abgeräumt und für den nächsten Gast wird

gedeckt. Dieses Lernverhalten wird durch bloßes Abfragen in Klausuren gestärkt. Nur wenn es sich für die Lernenden lohnt, sich dauerhaft etwas zu behalten, werden sie ihre Strategie ändern und nachhaltig lernen.

Verarbeitetes neues Wissen ist nicht automatisch für längere Zeit abgespeichert. Informationen können zerfallen, wenn sie überlagert werden, wenn Inputs zu schnell aufeinanderfolgen und keine Möglichkeit des Transfers geboten wird. Ausreichend Schlaf ist eine Voraussetzung dafür, dass der Transfer von Erfahrungswerten vom Kurzzeitgedächtnis ins Langzeitgedächtnis erfolgen kann.

3.3 | Pädagogische Schlussfolgerung

Welche Bedeutung haben nun die Erkenntnisse der Neurodidaktik für die Gestaltung der Lehre und wie lassen sich diese im Alltag umsetzen? *Beispiele*

Folgende Punkte haben sich in der Praxis bewährt:
- Mit Beispielen und Wiederholungen arbeiten.
- Strukturierte Lehrangebote machen.
- Die Studierenden möglichst viele eigene Erfahrungen machen lassen, sie aktiv am Unterricht beteiligen.
- Die Lernenden selbstständig zu Lösungen kommen lassen.
- Entsprechende Lernumgebungen schaffen, in denen dieses Lernen möglich ist.

Wenn wir etwas Neues lernen, erleben wir ein **Glücksgefühl**. Wenn wir ein »Aha«-Erlebnis haben, belohnt uns das Gehirn mit der hauseigenen Glücksdroge Dopamin, einem körpereigenen Opiat, das auch die Aufmerksamkeit steuert. Lernen macht dann Lust auf mehr. Selbstständig eine Lösung zu finden, bereitet offensichtlich eine ungeheure Lust – und das ist nachhaltiger als jede Belohnung von außen. *Belohnungssystem*

Fazit: Was die Gehirnforschung uns als Ergebnisse liefert, deckt sich mit den Forderungen der Pädagogen aus den letzten Jahren. Sie belegen den bekannten Sachverhalt, dass Lernen ein sehr komplexer Vorgang ist. Durch die Neurodidaktik kommen auch einige ältere pädagogische Ansätze zu neuen Ehren (vgl. Beck 2003, S. 8). Denn manche Erkenntnis der Hirnforschung wird von fortschrittlichen Pädagogen schon seit Jahren so vorgetragen. In vielen Bereichen können sie für ihre Thesen nun die Hirnforschung oder die Neurobiologie als Beweis anführen, was in dieser Stringenz bisher nicht möglich war. So zeigen die neueren Forschungsergebnisse, dass schon Reformpädagogen wie Montessori (1909) und Comenius (1654) mit vielen ihrer Vermutungen und Aussagen recht hatten und ihre durch Beobachtung gewonnenen Schlussfolgerungen auch neueren, naturwissenschaftlich begründeten Nachweisen standhalten.

4 E-Learning als didaktische Methode

Funktion

Wir sehen **E-Learning als eine zusätzliche didaktische Methode**, die je nach Lehrveranstaltung, Fach und Vorliebe des Lehrenden zum Einsatz kommen kann. Die Arbeit mit durchstrukturierten Konzepten, in denen E-Learning eine Präsenzveranstaltung ergänzt, kann zu einer erheblichen Steigerung der Qualität in der Lehre führen. Die alleinige Verfügbarkeit von Lernplattformen für die Studierenden bringt allerdings noch keine didaktische Innovation.

Der Einsatz von neuen Medien kann:
- Darstellung und Vermittlung von Wissen verbessern,
- Lernen anregen, anleiten und begleiten,
- die Organisation des Lernens verändern (vgl. Reinmann-Rothmeier 2002, S. 13 f.).

Konstruktivismus und E-Learning

E-Learning fügt sich gut in eine konstruktivistische und lernerorientierte Lernumgebung ein. Der Lehrende bereitet die zu lernenden Inhalte auf, stellt sie seinen Studierenden zur Verfügung und übergibt damit den Studierenden die Verantwortung für den Lernprozess. Er übernimmt dadurch die Rolle des Begleiters und Coach, die Studierenden werden zum selbstgesteuerten autonomen Lerner. Die Kommunikation zwischen Lehrenden und Lernenden sowie innerhalb der Studierendengruppen kann so eine andere Qualität bekommen, intensiver werden, soziales Lernen kann stattfinden. Allerdings hat sich die anfängliche Annahme und Hoffnung, dass E-Learning-Angebote die bestehende Lernsituation (z. B. Bewältigung großer Gruppen, räumliche Situation) verbessert, nicht bestätigt, ebenso wenig wie die Annahme, dass der Lernerfolg durch E-Learning automatisch zunimmt (vgl. Geyer 2004, S. 70).

Leitfragen

Wer seine Lehrveranstaltung mit einem E-Learning-Angebot ergänzen will, braucht dazu ein **didaktisches Konzept für die gesamte Veranstaltung**. Folgende Fragen sind dabei zu berücksichtigen:
- Welche Teile meiner Lehrinhalte kann ich auf die Plattform auslagern, welche sollte ich in Präsenz behandeln?
- Wie bereite ich die virtuellen Einheiten auf?
- Muss ich die Plattform kontinuierlich betreuen?

Das klingt zunächst nach großem Aufwand. Manche Lehrende möchten allerdings, nachdem sie schon einige Semester mit einer Lernplattform arbeiten, auf diese nicht mehr verzichten.

4.1 | Wie man eine Lernplattform in der Lehrveranstaltung einsetzt

An dieser Stelle wollen wir zunächst einige Begriffe klären: **E-Learning** bezeichnet lediglich das »electronic Learning«, also software- oder internetgestütztes Lernen. Unter **»Blended Learning«** versteht man »hybrides Lernen«, also eine Mischform zweier Lehrmethoden. Zum einen besteht eine »Blended Learning«-Veranstaltung aus Präsenzphasen, die üblicherweise auch zeitlich überwiegen. Zum anderen werden diese ergänzt mit E-Learning-Anteilen (vgl. Reinmann-Rothmeier 2002, S. 28 f.).

Definition

Die Präsenzphase eignet sich für:
- die klassische Form der Wissensvermittlung.
- die Präsentation von Arbeitsaufträgen.
- Arbeiten in Gruppen zur Vertiefung.

Präsenzphase

Im Anschluss daran folgt die Intensivierung in virtuellen Selbstlernphasen:
- Bearbeitung von Arbeitsaufträgen, die von Studierenden bis zu einem vereinbarten Termin auf die Plattform gestellt werden.
- Erstellung von Wiederholungen und Zusammenfassungen, Fragen werden generiert.
- Bearbeitung von problemorientierten Aufgaben.
- Austausch und Diskussion auf Foren.

Selbstlernphase

Es gibt keine spezielle E-Learning-Didaktik. Die Fragen, die sich bei der Nutzung neuer Medien in Lehr-Lernprozess stellen, unterscheiden sich nicht von den herkömmlichen: In welcher Weise prägt und verändert das Lehr-Lernarrangement (hier: die Netzbasiertheit) das Lernverhalten der unterschiedlichsten Lerntypen? (vgl. Arnold 2006, S. 12 f.).

Wer E-Learning nutzt, muss zunächst selbst klare Angebotsstrukturen definieren und diese im Idealfall differenziert vorbereiten. Das bedeutet für Sie als Lehrenden, dass Sie Unterrichtsmaterial in andere Strukturen bringen. Unserer Erfahrung nach ist der Einsatz von Lernplattformen nur erfolgreich, wenn der Lehrveranstaltung ein didaktisches Gesamtkonzept zugrunde liegt, in dem **Präsenz- und Onlinephasen miteinander verwoben** sind. Die Angebote und Aufträge, die auf der Lernplattform eingestellt sind, müssen in den realen Unterricht integriert sein.

Gesamtkonzept erarbeiten

4.2 | Verschiedene Stufen im E-Learning

Man kann drei unterschiedliche Stufen des E-Learning unterscheiden:
- Information
- Kommunikation
- Kooperation und Kollaboration (erweitert nach Hörbarth 2007, S. 63).

4.2 Theoretische Hintergründe

Die erste Stufe des E-Learning ist reine **Information**. Das heißt, Sie stellen den Studierenden Unterlagen und Information für die Lehrveranstaltung zur Verfügung. Diese Inhalte bieten Sie vielleicht schon jetzt über Ihre Homepage an. Wozu dann Lernplattformen? Sie geben den Studierenden damit eine Struktur, die ihnen zusätzlich die Möglichkeit zu weiteren Aktionen bereitstellt. Außerdem verfügen solche Plattformen gegenüber einer Homepage in der Regel über einfachere Bedienungs- und Aktualisierungsmöglichkeiten.

Technische Funktionen

Lernplattformen bieten einen bestimmten Rahmen, mit dem man eine Lehrveranstaltung in Themenblöcke oder andere Formate einteilen kann. Für Termine steht meistens ein Kalender zur Verfügung – so können sich die Studierenden immer aktuell darüber informieren, ob es Neuigkeiten für die Lehrveranstaltung gibt. Außerdem haben die meisten Plattformen Tools zur Versendung von E-Mails. Je nachdem, welche Vorgaben und Regeln (s. Anfangssituationen S. 63 ff.) Sie mit Ihren Studierenden festlegen, können Sie den E-Mail-Versand systematisieren. Auf allen Lernplattformen gibt es die Möglichkeit *Unterlagen* für die Studierenden bereitzustellen. Sie können außerdem Bilder oder Links einbinden und Podcasts oder Videosequenzen hochladen.

Die nächste Stufe fördert den Austausch zwischen Studierenden und Lehrenden, also die **Kommunikation**. Die Lernplattformen bieten hier unterschiedliche Tools. Man kann:
- Umfragen machen,
- Aufgaben stellen,
- Tests durchführen,
- Diskussionsforen initiieren.

Feedback

Sammeln Sie die Ergebnisse über die Plattform auch wieder ein und geben Sie ein Feedback. Durch Diskussionsforen können Studierende Fragen zum Stoff, aber auch zu organisatorischen Dingen selbstständig klären. Je intensiver Sie mit solchen Tools arbeiten, desto höher wird der Mehrwert für die Studierenden.

Vorteile

Auf diese Weise reduziert sich im Lauf der Zeit die Flut an E-Mails, die Sie individuell bearbeiten müssen. Zu bestimmten Themen kommen meist ähnliche Fragen, die Sie dann für alle gleichzeitig beantworten können.
- Sie können zu bearbeitende Aufgaben auf die Plattform stellen, diese auch virtuell einsammeln und sich im Unterricht auf die besonders schwierigen oder speziellen Themen konzentrieren.
- Neue Themen können im Vorfeld auf der Plattform diskutiert werden. Die Studierenden kommen dadurch schon mit Meinungen in den Unterricht.
- Sie können auf unkomplizierte Art und Weise eine kurze Zwischenevaluation oder eine Umfrage einsetzen.
- Sie können Gruppeneinteilungen vornehmen lassen.
- Die Studierenden können über Termine abstimmen.

4.2 E-Learning als didaktische Methode

Zusätzliche technische Möglichkeiten sind ein Anreiz für die Studierenden, auf der Plattform zu arbeiten, da dies relativ neue und interessante Techniken sind:

- Mit Wikis (basierend auf der technischen Grundlage von Wikipedia) erstellen und kommentieren die Studierenden Beiträge oder Zusammenfassungen.
- In Blogs (elektronische Tagebücher, in die man Beschreibungen einstellen kann) formulieren die Studierenden Lernprozesse oder Projektverläufe.
- Mithilfe eines Glossars (Wörterbuch) schreiben Studierende eigene Lexika.

Neue Techniken

Das alles sind Möglichkeiten, mit denen Sie die Studierenden zur aktiven Mitarbeit animieren. Die Aktivierung der Lernenden führt zu einer Sicherung des Lernerfolgs. Das Gelernte wird angewendet, geübt und überprüft. Diese Aktivierung kann kognitiv, emotional-motivational und in Bezug auf soziale Interaktion erfolgen.

Aktivierung

Die Kommunikation läuft asynchron: Sie stellen einen neuen Beitrag auf die Plattform – und die Studierenden bearbeiten und beantworten ihn zu einem späteren Zeitpunkt. Bei der Bearbeitung der Aufträge sind die Studierenden von Ihnen zeitlich unabhängig. Die bearbeiteten Aufgaben oder Tests und können Sie automatisch mit speziellen Tools bewerten lassen (vgl. Reinmann-Rothmeier 2002, S. 13 f.).

Mit den im letzten Abschnitt genannten Tools erreichen Sie **Kooperation** oder auch **Kollaboration**: Die Studierenden können so interaktiv arbeiten! Die Plattformen unterstützen sie dabei mit

- Chaträumen und
- Tools für Projektarbeit.

Interaktivität

Sie können also mit Ihren Studierenden auch online (synchron) arbeiten. Prinzipiell sollten die Studierenden voneinander abhängige Arbeitsaufträge erhalten, sie tragen dadurch füreinander Verantwortung. Optimal sind problemorientierte Aufgaben:

- Solche Aufgaben aktivieren kognitiv, weil man die Aufgaben nur bearbeiten kann, wenn man dargebotene Inhalte auch verstanden hat.
- Sie aktivieren emotional-motivational, wenn die Aufgaben so gestellt sind, dass sie interessant (lebens- und/oder berufsnah) sind und man sie auch lösen kann.
- Sie aktivieren durch soziale Interaktion, da die Aufgaben in Gruppen bearbeitet werden können.
- Sie sichern mit Übungen und durch Wiederholung den Inhalts- und den Wissenstransfer.

Funktion der Aufgaben

Tools der Kommunikation und Kooperation fördern die interaktive Auseinandersetzung mit den Lehrinhalten. Das verlangt Ihrer eigenen Kreativität sehr viel ab und erfordert Einsatz. Wir sind allerdings der Meinung, dass sich dieser in Anbetracht des Mehrwerts für Lehrende und Studierende durchaus bezahlt macht.

4.3 | Wie man die Studierenden zur Arbeit mit einer Plattform motiviert

Trotz aller Innovation ist es gerade am Anfang nicht so einfach, die Studierenden vom Sinn und Zweck von E-Learning zu überzeugen und sie zur Mitarbeit auf der Plattform zu bewegen. Klären Sie deshalb zu Beginn des Semesters die Modalitäten und Bedingungen der Veranstaltung. Die Studierenden müssen wissen, dass sie Unterlagen nur über die Plattform erhalten, ebenso wie alle aktuellen Hinweise. Das heißt:

Erfolgsbedinungen
- Formulierung klarer Regeln; die Plattform wird am besten in der Lehrveranstaltung vorgestellt.
- Moderation der Veranstaltung auf der Plattform und kontinuierliche Begleitung.
- Abbildung der Lehrveranstaltung im Kursraum.
- Der Mehrwert muss für die Studierenden ersichtlich sein.
- Die Integration und Präsentation der Arbeitsergebnisse erfolgen im Unterricht.
- Die Inhalte der Lernplattform sind Prüfungsinhalt.

E-Learning-Angebote erfüllen alle Kriterien, die Deci & Ryan in ihrer »Selbstbestimmungstheorie zur **Förderung der intrinsischen Lernmotivation**« (vgl. Deci & Ryan 1993) aufgestellt haben (s. Kap. Motivation S. 87 ff.):
- Autonomieerleben der Studierenden (Wahlmöglichkeiten, örtliche und zeitliche Unabhängigkeit)
- Kompetenzerleben (Erfolgserlebnisse durch die Bearbeitung von Aufgaben)
- soziale Eingebundenheit (in der Gruppe und mit dem Dozenten).

Die Studierenden können innerhalb eines vom Lehrenden gesetzten Rahmens ihre Arbeitsaufträge zeitlich und örtlich frei bearbeiten. Beim Lösen dieser Aufgaben erleben sie – hoffentlich – ihre Kompetenzen. Semestergruppen sind dennoch vorhanden. Und es wird in Gruppen, also im sozialen Verbund gelernt.

5 Wie kann man die Motivation der Studierenden fördern?

Ist es Ihnen auch schon passiert, dass im Laufe des Semesters immer weniger Studierende in Ihre Lehrveranstaltung kamen? Oder dass es Sie eine hohe Überzeugungskraft kostet, die Studierenden zur Mitarbeit zu bewegen?
    Woran liegt das? Haben die jungen Menschen einfach keine Lust zu lernen? Liegt es an den äußeren Umständen (Uhrzeit, Raum?) oder am Unterricht und damit an Ihrer Person und wie Sie die Inhalte anbieten?
    Woran es auch liegt – die Fragen, die es zu lösen gilt, lauten: Wie können Sie die Studierenden zur regelmäßigen Mitarbeit animieren? Wie können Sie sie vielleicht sogar von Ihrem Fach begeistern?
    Und was sagt die Motivationsforschung zu diesen Fragen?

Problemstellung

5.1 | Das Engagement eines Lehrenden

Es gibt Menschen, die haben einfach ein fesselndes Auftreten. Sie kennen sicher auch an Ihrer Hochschule Beispiele für solche charismatischen Persönlichkeiten: Dozenten, die es schaffen, dass man ihnen zuhört, von deren Vortrag man sich nicht ablenken lässt, bei denen die Zeit wie im Flug vergeht.
    Diese Dozenten besitzen neben rhetorischen Fähigkeiten zumeist eine hohe Authentizität und ein großes Engagement für die Sache. Die **Glaubhaftigkeit und Motiviertheit** des Lehrenden spielt beim Lehren und Lernen eine wichtige Rolle (vgl. Roth 2004, S. 500 ff.).
    Bereits zu Beginn eines jeden Gesprächs wird die Glaubhaftigkeit des Partners eingeschätzt. In der Lehre ist dies genauso: Die Lernenden stellen schnell – und zuerst unterbewusst fest – ob ein Lehrender motiviert ist, seinen Stoff beherrscht und sich mit dem Gesagten identifiziert. Wenn dies nicht oder nur in geringem Maße der Fall ist, kann dies die Lernenden zum Weghören bewegen.
    In vielen wissenschaftlichen Untersuchungen wurde zudem bestätigt, dass das »Wohlbefinden« eines Lerners seine intrinsische Motivation steigert (vgl. Krapp 2005, S. 626 ff.). Je angenehmer eine Lehrsituation empfunden wird, desto motivierter sind die Lernenden bei der Sache.

Authentizität

5.2 | Welche Form der Motivation soll wie gefördert werden?

Definition

In der Motivationsforschung wird die extrinsische Lernmotivation von der intrinsischen Lernmotivation unterschieden – dies gilt auch für die Lernmotivationsforschung. Extrinsisch motivierte Handlungen (von außen, z. B. durch Sanktionen gesteuerte Motivation) erfolgen durch instrumentelle Absicht, da nicht die Lernhandlung an sich im Mittelpunkt steht, sondern die erwarteten Folgen derselben (vgl. Müller 2007, S. 32 f.). Im Hochschulkontext finden Sie diese Situation vor, wenn Studierende in die Veranstaltung kommen, weil es sich um eine Pflichtveranstaltung handelt oder die Studierenden die Prüfung in diesem Fach bestehen wollen.

Die intrinsische Lernmotivation (von innen, aus der Sache gesteuerte Motivation) benötigt keine von der Lernhandlung separierbaren Konsequenzen, keine externen Anreize oder Drohungen. Wer aus intrinsischer Motivation lernt, nimmt sich selbst als neugierig, wissbegierig, aktiv und interessiert wahr (vgl. Deci & Ryan 1993, S. 225 ff.).

Nachhaltigkeit

In der Lehrveranstaltung gilt es, genau diese Motivation zu fördern, denn Lernen, das unter **intrinsischer Motivation** stattfindet, erzeugt eine bessere Lernqualität und ist nachhaltiger. Dies haben Deci & Ryan in einer Reihe von Untersuchungen empirisch belegt und in der sogenannten »Selbstbestimmungstheorie der Motivation« formuliert. Im Zentrum dieser Theorie steht der Begriff des »Selbst«. Sie geht davon aus, dass angeborene psychologische Bedürfnisse sowie grundlegende Fähigkeiten und Interessen des Individuums bei der Entwicklung des Selbst eine wichtige Rolle spielen. Motivierte Handlungen lassen sich nach dem Grad der Selbstbestimmung bzw. nach dem Ausmaß der Kontrolliertheit unterscheiden. Handlungen, die man als frei gewählt erlebt, entsprechen den Zielen und Wünschen des individuellen Selbst und können folglich als interessenbestimmte Handlungen oder intrinsisch motivierte Verhaltensweisen definiert werden.

Bedürfnisstruktur

Die Motivationsforschung verwendet vor allem drei Typen von Konzeptionen, um die Herkunft motivationaler Handlungsenergien zu erklären:
- physiologische Bedürfnisse (oft auch als Triebe bezeichnet)
- Emotionen
- psychologische Bedürfnisse.

Deci & Ryan postulieren in ihrer Selbstbestimmungstheorie, dass menschliches Verhalten auf alle drei Energiequellen angewiesen ist, wobei den psychologischen Bedürfnissen eine besondere Bedeutung zukommt. Sie gehen davon aus, dass sowohl für die intrinsische als auch für die extrinsische Motivation dreierlei angeborene psychologische Bedürfnisse gleichermaßen relevant sind:

- Bedürfnis nach Kompetenz oder Wirksamkeit
- Autonomie oder Selbstbestimmung
- soziale Eingebundenheit.

Deci & Ryan gehen außerdem davon aus, dass Personen bestimmte Ziele verfolgen, weil sie auf diese Weise ihre angeborenen Bedürfnisse befriedigen können.

5.3 | Wie kann man diese Erkenntnisse für die Lehre nutzen?

Hochqualifiziertes Lernen wird nur durch ein vom individuellen Selbst ausgehendes Engagement erreicht. Effektives Lernen ist also auf intrinsische Motivation und/oder auf integrierte Selbstregulation angewiesen. Optimales Lernen ist damit unmittelbar an die Entwicklung des individuellen Selbst gekoppelt und gleichzeitig von der Beteiligung des Selbst abhängig. Wie setze ich als Dozent diese Erkenntnisse um?

Effektives Lernen

Mit dem **Einsatz lernerorientierter Didaktik** sind Sie auf dem richtigen Weg. Selbstverständlich muss nicht das gesamte Semester mit diesen Methoden gestaltet werden, aber dort, wo es möglich ist, sollten Sie mit aktivierenden Methoden arbeiten. Aus unserer Sicht erfüllen diese die Kriterien der Selbstbestimmungstheorie und sind daher hervorragend dafür geeignet, die intrinsische Motivation und das Tiefenlernen bei den Studierenden zu fördern, denn:

- Studierende erleben den **Zuwachs ihrer Kompetenzen**.

Umsetzung

Nur wenn Studierende die Möglichkeit haben, selbst an Aufgaben oder Projekten zu arbeiten, können sie erfahren, dass sie etwas dazugelernt haben. Beteiligen Sie Ihre Studierenden und geben Sie ihnen die Möglichkeit, sich über ihre erfolgreiche Mitarbeit zu freuen. Sie bearbeiten selbstständig (Teil-)Aufgaben, werden dabei wenn nötig von Kommilitonen oder Lehrenden unterstützt. Kompetenzerleben (»Erfolgserlebnisse«) kann man nicht nur fördern, indem man den Studierenden einfache Arbeitsaufträge gibt, sondern sie auch bei schwierigeren Arbeitseinheiten unterstützt, ihnen beratend zur Seite steht und zu einem Lösungsweg verhilft.

- Studierende haben ein gewisses Maß an **Autonomie**.
Durch Wahlmöglichkeiten und Spielräume bezüglich Lernzielen und Lernorganisation erleben sich die Lernenden als aktive und eigenständige Personen. Dies kann bereits in kleinen Zusammenhängen stattfinden. Autonomie ist schon erreicht, wenn die Studierenden die Themengebiete frei wählen oder sich die Art und Weise der Bearbeitung der Aufgaben aussuchen können (zum Beispiel nach dem Muster: »Lösen Sie drei der fünf Aufgaben auf dem Arbeitsblatt.«). Fordern Sie Ihre Studierenden auf, sich mit eigenen Themenvorschlägen in die Veranstaltung einzubringen. Natürlich sind Sie dann gefragt, diese Ideen in den Unterricht einzubauen. Vielleicht entstehen dabei

Kompromisslösungen, aber Sie haben Ihre Studierenden aktiv bei der Gestaltung der Inhalte mit einbezogen. Diese Schritte fördern das Gefühl der Selbstbestimmung und kommen den Interessen der Studierenden entgegen, gleichzeitig wird für Sie der Unterricht ebenfalls abwechslungsreicher. Auch bei der Methodenwahl zur Bearbeitung der Themen können die Studierenden mitbeteiligt werden. Eine monotone Didaktik macht keinem Spaß: Stellen Sie Ihren Studierenden doch unterschiedliche Vorgehensweisen vor und lassen Sie sie mit entscheiden. Dadurch erhöhen Sie auch die Akzeptanz von aktivierenden Methoden.

- Studierende sind **sozial eingebunden**.
Sie arbeiten in Gruppen, tauschen sich über Lehrinhalte und Schwierigkeiten aus. Der Lehrende in der neuen Rolle des Lernbegleiters und des Beraters ist – zumindest phasenweise – eng am Lerngeschehen beteiligt. Durch die Betreuung der einzelnen Gruppen intensiviert sich der Kontakt zwischen Lernenden und Lehrendem. Die Kommunikation wird erweitert und vertieft, was für beide Seiten angenehmer ist.

Nach eventuellen anfänglichen Schwierigkeiten, die meist organisatorischer Art sind, bemerken Lerner und Lehrende, dass Ihnen der Unterricht erheblich mehr Spaß macht. Die Anzahl der Studierenden bleibt während des Semesters konstant. Und auch die Prüfungsresultate verbessern sich.

6 Und zum Schluss die Evaluation?

Wenn wir von Evaluation sprechen, dann meinen wir nicht die Art von Evaluation, wie sie oft in den Hochschulen praktiziert wird, nämlich als Bewertung der Lehre am Ende eines Semesters, um die Qualität der Veranstaltung abschließend festzuhalten. Wir sehen **Evaluation als Bestandteil von Qualitätssicherungssystemen,** eingebunden in einen Regelkreis.

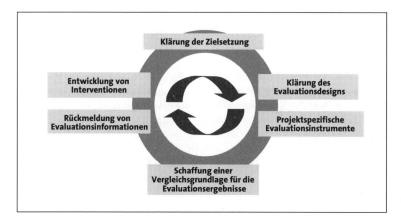

Konzeption der integrativen Evaluation Henninger/Balk 2001, S. 8

Sie liefert uns Möglichkeiten, einen Ist-Zustand festzustellen. Das ergibt jedoch im Gesamtzusammenhang nur dann Sinn, wenn man aus den Ergebnissen der Evaluation Konsequenzen zieht und die zukünftige Qualität der evaluierten Zustände verbessert.

Es gibt zwei Formen von Evaluation. Die **summative Evaluation**, die am Ende eines Semesters die Qualität der Lehrveranstaltung überprüft. Und die **formative, prozessbegleitende Evaluation**, die während des Semesters Rückmeldungen gibt. Bei dieser Variante bleibt noch Zeit, das Feedback für die evaluierte Veranstaltung umzusetzen (vgl. Hawelka 2007, S. 183).

6.1 | Ein Paradigmenwechsel auch in der Evaluation

Wir begründen unsere Forderung nach dem Einsatz von aktivierenden Lehrmethoden mit dem oben beschriebenen Paradigmenwechsel in der Pädagogik von einer dozentenorientierten hin zu einer lernerorientierten Didaktik.

Lerner im Mittelpunkt

Wir vertreten diese Haltung konsequent – auch in Bezug auf die Evaluation. Die bisher üblichen (und natürlich validen) Evaluationsinstrumentarien betrachten den Dozenten: sein Auftreten, das Unterrichtsmaterial und die Rahmenbedingungen. Wäre es dagegen nicht wünschenswert, dass der **Lernerfolg der Studierenden** in den Mittelpunkt der Evaluation rückt? Ausschlaggebendes Kriterium für die gute Qualität einer Lehrveranstaltung ist doch, dass die Studierenden ihre Kompetenzen erweitern konnten.

Ein entsprechendes Evaluationsinstrumentarium wurde von einer Berliner Forschergruppe entwickelt: das **Berliner Evaluationsinstrument für selbsteingeschätzte studentische Kompetenz**, kurz BEvaKomp. Die darin formulierten Aussagen (Items) zu denen die Studierenden Einschätzungen abgeben, fordern diese auf, sich reflektorisch mit ihren neu erworbenen Kompetenzen auseinanderzusetzen und diese zu bewerten (vgl. Braun 2008, S. 13 ff.). Evaluation orientiert sich hier am Lernenden, nicht am Lehrenden.

Lernzielkontrolle

Mit dieser Art der Evaluation können Sie zuverlässig erkennen, ob Sie die Lernziele Ihrer Lehrveranstaltung erreicht haben. Verfügen die Studierenden über die Kompetenzen, die sie erwerben sollten?

Wurden Ihre Ziele nicht erreicht, überdenken Sie bitte, wie Sie die Inhalte angeboten haben. Waren es eventuell nicht die passenden Lehrmethoden? Schauen Sie in einem zweiten Schritt auf die gewählten Inhalte. Sind es die richtigen, um diese Kompetenzen zu fördern? Bei diesem Ansatz geht es beim Evaluationsverfahren um eine reine **Outputorientierung**.

Die Technische Universität Eindhoven setzt diesen Ansatz konsequent um. Anthonie W.M. Mejers, Professor of Philosophy of Technology, stellte das Konzept auf einer Tagung im Oktober 2008 an der TU Darmstadt vor (nachzulesen unter: http://w3.ieis.tue.nl/en/sub departments/av/platform_academic_education/projects/target_compe tences_of_students/).

6.2 | Einbindung von Evaluation

Qualität sichern

Die Evaluation der Lehrveranstaltungen ist ein unverzichtbarer Bestandteil der Qualitätsbemühungen einer Hochschule. Abgesehen von den unterschiedlichen Perspektiven, aus denen eine Evaluation durchgeführt wird, ist es unserer Meinung nach notwendig, dass sie in ein Gesamtkonzept eingebunden ist. Der Regelkreis nach Henninger und Balk (vgl. Henninger/Balk 2001) bietet hierfür eine gute Orientierung.

Daten gewinnen

Nach der **Klärung der Zielsetzung** (summativ oder formativ) wird das **Evaluationsdesign** definiert. Dabei legt man fest, zu welchem Zeitpunkt der Lehrveranstaltung evaluiert wird. Die Datenerhebung sollte unbedingt in der Mitte des Semesters stattfinden, nur so können Sie anhand

6.2 Und zum Schluss die Evaluation?

der Rückmeldung die Lehrveranstaltung modifizieren. Wie sollen die Daten erhoben werden? Hier gibt es drei Möglichkeiten:

- Online-Befragungen (kostengünstig und leicht auszuwerten, allerdings geringe Rücklaufquote und Gefahr der Verzerrung)
- Austeilen von gedruckten Bögen (eventuell geringer Rücklauf, Verzerrungen können auftreten, aufwendig in der Datenerfassung)
- Bögen in der Veranstaltung austeilen und einsammeln (hoher Rücklauf, wenig Verzerrung).

Methoden

Ist man sich über diese Dinge im Klaren, gehen Sie zum **Inhalt** über. Was möchten Sie evaluieren? Was macht eine gute Lehre aus?

Entscheiden Sie sich für die Art der Evaluation, die den Fokus auf den Lehrenden richtet, so bietet das Bedingungsmodell des Lehrerfolgs von Rindermann eine gute Orientierung.

Multifaktorielles Modell der Lehrveranstaltungsqualität Rindermann, 2009 S. 66

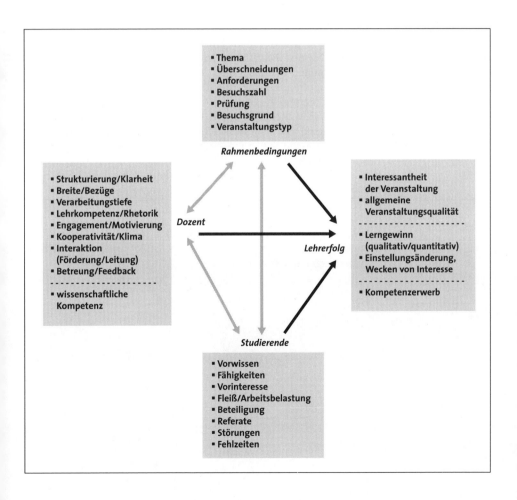

Ansonsten gibt es einige valide Instrumentarien aus denen Sie – je nach Veranstaltungsart – Items auswählen können:
- HILVE II (Rindermann 1994)
- FEVOR, FESEM, FEBRA (Staufenbiel 2003)
- VBVOR, VBREF (Diehl 2003).

Oder Sie entscheiden sich für BEvaKomp.
Egal mit welchem Items Sie evaluieren, alle Verfahren müssen den wissenschaftlichen Gütekriterien der Objektivität, Reliabilität und Validität standhalten.

Transfer in die Praxis

Wie können Sie die Ergebnisse der Evaluation praktisch umsetzen?
1. Sie können sie zuerst mit anderen **Ergebnissen vergleichen**? Damit eine Gegenüberstellung überhaupt aussagekräftig ist, darf der Vergleich nur zwischen ähnlichen Veranstaltungen gezogen werden (zum Beispiel kein Vergleich zwischen einer Pflichtveranstaltung mit einem Wahlpflichtfach).
2. Der nächste Schritt ist die **Rückmeldung an die Studierenden**. Bei Unklarheiten können Sie differenziert nachfragen. Außerdem erkennen die Studierenden dadurch, dass ihre Rückmeldungen ernst genommen werden und die Evaluation nicht nur ein Ritual darstellt.
3. Dann folgt der wichtigste Schritt: die **Entwicklung von Interventionen** (vgl. Hawelka 2007, S. 183 f.). Klären Sie mit Ihren Studierenden (aber auch mit sich selbst) folgende Fragen: Warum haben die Studierenden nicht die Dinge lernen können, die mir wichtig waren? Liegt es an meinem Unterrichtsstil? Waren es die falschen Inhalte für meine Lehrziele? In welchen Bereichen kann ich meine Lehrveranstaltung verbessern? Wie kann ich mich verbessern? Wie kann ich Unterstützung erhalten?

Auf diese Weise stellen Sie die Sinnhaftigkeit von Evaluation her. Nur so kann der Regelkreis geschlossen werden. Leider findet dieser Schritt an den Hochschulen kaum statt.

Literaturverzeichnis

Arnold, R., Krämer-Stürzl, A., Siebert, H. (1999). Dozentenleitfaden. Planung und Unterrichtsvorbereitung in Fortbildung und Erwachsenenbildung. Berlin: Cornelsen Verlag.

Arnold, R. (2006). Die Unzeitgemäßheit der eLearning-Didaktik. In: Arnold, R., Lermen, M. (Hrsg.), eLearning-Didaktik. Grundlagen der Berufs- und Erwachsenendidaktik (S. 11–29). Baltmannsweiler: Schneider Verlag Hohengehren.

Beck, H. (2003). Neurodidaktik oder: Wie lernen wir. In: Erziehungswissenschaften und Beruf, Heft 3/2003. http://www.schule-bw.de/unterricht/paedagogik/didaktik/neurodidaktik/neurodidaktik_beck.pdf, 19.05.2009.

Berendt, B. (2005). The Shift from Teaching to Learning – mehr als eine »Redewendung«: Relevanz – Forschungshintergrund – Umsetzung. In: Welbers, U., Gaus, O. (Hrsg.), The Shift from Teaching to Learning. Konstruktionsbedingungen eines Ideals. Bielefeld: Bertelsmann Verlag.

Bologna-Erklärung der Europäischen Bildungsminister 1999. http://www.bmbf.de/de/3336.php, 19.05.2009.

Braun, E. (2008). Das Berliner Evaluationsinstrument für selbsteingeschätzte studentische Kompetenz (BEvaKomp). Göttingen: V&R unipress.

Deci, E. L. & Ryan, R. M. (1993). Die Selbstbestimmungstheorie zur Förderung der intrinsischen Lernmotivation. In: Zeitschrift für Pädagogik, 1993, Jahrgang 39, Heft 2 (S. 223–238). Weinheim, Basel: Beltz Verlag.

Bildungsserver Baden-Württemberg (2007). http://www.schule-bw.de/unterricht/paedagogik/didaktik/neurodidaktik, 06.09.2007.

Faulstich, P., Zeuner, C. (1999). Erwachsenenbildung. Eine handlungsorientierte Einführung in Theorie, Didaktik und Adressaten. Weinheim, München: Juventa Verlag.

Geißler, K. A. (2002). Anfangssituationen. Was man tun und besser lassen sollte. 9. unveränderte Auflage. Weinheim, Basel: Beltz Verlag.

Geyer, C. (2004). E-Learning an der Hochschule. In: Winteler, A., Professionell lehren und lernen. Ein Praxisbuch (S. 70–80). Darmstadt: Wissenschaftliche Buchgesellschaft.

Gibbs, G., Habeshaw, S.; Habeshaw, T. (1988). 53 Interesting Things To Do In Your Lectures. Bristol: Technical & Educational Services Ltd.

Literaturverzeichnis

Gomez-Tutor, C. (2001). Didaktik und Methodik der Erwachsenenpädagogik. In: Arnold, R., Petilla, H. (Hrsg.), Basiswissen Pädagogik. Pädagogische Arbeitsfelder. Band 4. Berufs- und Erwachsenenpädagogik (S. 308–323). Baltmannsweiler: Schneider Verlag Hohengehren.

Gross, F. (2001). Was Hänschen nicht lernt, lernt Hans. In: Deutsches Institut für Erwachsenenbildung (Hrsg.). Grundlagen der Weiterbildung (S. 1–13). Neuwied, Kriftel, Berlin: Luchterhand.

Hawelka, B. (2007). Evaluation der Lehrveranstaltung. In: Hawelka, B., Hammerl, M., Gruber, H. (Hrsg.), Förderung von Kompetenzen in der Hochschullehre (S. 181–192). Kröning: Asanger Verlag.

Handwerkskammer Rheinhessen, Mainz (Hrsg.) (2009). Modellversuch Lernkompetenz und Selfmarketing – »Flexibel« – Den eigenen Berufsweg finden und gestalten. http://www.hwk.de/flexibel/DownloadLTB.htm, 20.05.2009.

Henninger, M., Balk, M. (2001). Integrative Evaluation: Ein Ansatz zur Erhöhung der Akzeptanz von Lehrevaluation an Hochschulen (Forschungsbericht Nr. 133). München: LMU, Lehrstuhl für Empirische Pädagogik und Pädagogische Psychologie. http://epub.ub.uni-muenchen.de/241/1/FB_133.pdf, 19.05.2009.

Heuer, U. (2001). Lehren und Lernen im Wandel. In: Heuer, U., Botzat, T., Meisel, K. (Hrsg.), Neue Lehr- und Lernkulturen in der Weiterbildung (S. 13–35). Deutsches Institut für Erwachsenenbildung. Bielefeld: Bertelsmann Verlag.

Höbarth, U. (2007). Konstruktivistisches Lernen mit Moodle. Praktische Einsatzmöglichkeiten in Bildungsinstitutionen. Boizenburg: Verlag Werner Hülsbusch.

Klebert, K., Schrader, E., Straub, W. G. (2003). KurzModeration. Anwendung der ModerationsMethode in Betrieb, Schule und Hochschule, Kirche und Politik, Sozialbereich und Familie bei Besprechungen und Präsentationen. Hamburg: Windmühle.

Krämer, W. (2006). Infomarkt – eine aktivierende Lehrmethode. In: DiNa 2006/11 (S. 2–5). Download möglich unter: http://www.diz-bayern.de/servlet/downloader/dina_2006_11.pdf?att=13315

Krapp, A. (2005). Das Konzept der grundlegenden psychologischen Bedürfnisse. Ein Erklärungsansatz für die positiven Effekte von Wohlbefinden und intrinsischer Motivation im Lehr-Lerngeschehen. In: Zeitschrift für Pädagogik 2005, Jahrgang 51, Heft 5 (S. 626–641). Weinheim, Basel: Beltz Verlag.

Lievenscheidt, H. (2001). Auf dem Weg zu einer neuen Lehr-/Lernkultur. Was müssen Lehrende können. In: Heuer, U., Botzat, T., Meisel, K. (Hrsg.), Neue Lehr- und Lernkulturen in der Weiterbildung (S. 108–113). Deutsches Institut für Erwachsenenbildung. Bielefeld: Bertelsmann.

Müller, F. H. (2007). Studierende motivieren. In: Hawelka, B., Hammerl, M., Gruber, H. (Hrsg.), Förderung von Kompetenzen in der Hochschullehre (S. 31–44). Kröning: Asanger Verlag.

Müller, K. (2001). In: Meixner, J., Müller, K. (Hrsg.), Konstruktivistische Schulpraxis. Beispiele für den Unterricht. Neuwied, Kriftel: Luchterhand.

Nuissl, E. (2000). Einführung in die Weiterbildung. Zugänge, Probleme und Handlungsfelder. Neuwied, Kriftel: Luchterhand.

Nuissl, E. (2002). Selbstgesteuertes Lernen in der Weiterbildung. In: Kraft, S. (Hrsg.), Selbstgesteuertes Lernen in der Weiterbildung. Grundlagen der Berufs- und Erwachsenbildung. Herausgegeben von Prof. Dr. R. Arnold. Band 30 (S. 9–15). Baltmannsweiler: Schneider Verlag Hohengehren.

Pädagogisches Institut (PI) der deutschen Sprachgruppe Bozen (2003). Kleingruppenarbeit. http://www.blikk.it/angebote/schulegestalten/se855.htm, 20.05.2009.

Preiß, G. (2007). Ziele und Hintergründe. http://www.zahlenland.info/de/leitgedanken/, 06.09.2007.

Reinmann-Rothmeier, G. (2002). Didaktische Innovation durch Blended Learning. Leitlinien anhand eines Beispiels aus der Hochschule. Bern, Göttingen, Toronto, Seattle: Verlag Hans Huber.

Rindermann, H. (2009). Lehrevaluation. Einführung und Überblick zu Forschung und Praxis der Lehrveranstaltungsevaluation an Hochschulen. Mit einem Beitrag zur Evaluation computerbasierten Unterrichts. 2. Auflage. Landau: Verlag Empirische Pädagogik.

Rost, F. (2008). Lern- und Arbeitstechniken für das Studium. Wiesbaden: VS Verlag für Sozialwissenschaften.

Roth, G. (2004). Warum sind Lehren und Lernen so schwierig? In: Zeitschrift für Pädagogik 2004, Jahrgang 50, Heft 4 (S. 496–506). Weinheim, Basel: Beltz Verlag.

Schneider, R., Szczyrbr, B., Welbers, U., Wildt, J. (2009). Wandel der Lehr- und Lernkulturen. Bielefeld. Bertelsmann Verlag.

Siebert, H. (2006). Didaktisches Handeln in der Erwachsenenbildung. Didaktik aus konstruktivistischer Sicht. 5. Auflage. Neuwied, Kriftel: Luchterhand.

Spitzer, M. (2002). Lernen: Gehirnforschung und die Schule des Lebens. Heidelberg, Berlin: Spektrum Akademischer Verlag.

Stangl, W. (2008). Lerntagebücher als Werkzeug für selbstorganisiertes Lernen. In: Werner Stangls Arbeitsblätter, http://arbeitsblaetter.stangl-taller.at/LERNTECHNIK/Lerntagebuch.shtml, 20.05.2009.

Wendorff, J. A. (2007). Aktivierende Methoden der Seminargestaltung. In: Hawelka, B., Hammerl, M., Gruber, H. (Hrsg.), Förderung von Kompetenzen in der Hochschullehre (S. 17–30). Kröning: Asanger Verlag.

Winteler, Adi (2004). Professionell lehren und lernen. Ein Praxisbuch. Unter Mitarbeit von H.-C. Bartscherer, C. Geyer und G. Lehrberger. Darmstadt: Wissenschaftliche Buchgesellschaft.

Stichwortverzeichnis

Adaptionsfähigkeit 72
Aneignungsprozess 75
Anfangs- und Orientierungsphase 63
Aquarium 41
Aufstellung 5, 18
Authentizität 87
Autonomie 89

Ball werfen 6
Bedürfnisstruktur 88
Behaviorismus 68
Belohnungssystem 81
Blended Learning 83
Blitzlicht 57
Blog 85
Bologna-Prozess 69
Buzz Group 35

Didaktik
 – Definition 73
 – lernerorientierte 89
Diskussionen 35
 – Experten 39
 – Formen 37
 – Podiums- 38
 – Pro- und Kontra 37

E-Learning 82
 – Konstruktivismus 82
 – Stufen 83
Erfahrungslernen 61
Ermöglichungsdidaktik 69
Erwachsenenbildung 71
Erwachsenenlernen 71
Erwartungen 63
Evaluation 91
 – Einbindung 92
 – formative 91
 – summative 91
Evaluationsdesign 92
Experteninterview 40

Fachkompetenz 75
Feedback 55
Fish Bowl 41

Gehirn 78
Glossar 85
Glücksgefühl 81
Gruppenheft 45
 – Beispiel 46
Gruppenpuzzle 26
Gruppensprecher 46

HAITI-Übungen 43
Herkunft 5

Infomarkt 30
Inner Circle 41
Interaktion 74

Jigsaw 26

Kartenabfrage 8
Kennenlernen 63
Kleingruppenarbeit 19
Kognitivismus 68
Kollaboration 85
Kompetenz 19, 89
 – persönliche 76
 – soziale 76
Kompetenzentwicklung 70
Konstruktivismus 61, 66, 69
Kooperation 85
Kugellager 14

Landkarten
 – neuronale 79
Lehrende
 – Kompetenzen 74
 – Rollen 74
Lehr-Lern-Vertrag 63
Lehrmethoden
 – aktivierende 61, 66

Lernen
- als aktiver Prozess 70
- Definition 71
- fürs Leben 80
Lernerfahrung 71
Lernermöglicher 75
Lernmotivation
- extrinsische 88
- intrinsische 86, 88
Lernplattform 83, 86
Lernstrategien
- vorhandene 71
Lerntagebuch 52
Lernzielkontrolle 92

Methodenkompetenz 75
Mindmap 13
Minutenfrage 55
Moderationstechnik 8
Motivation
- der Studierenden 87
Murmelgruppe 35
Museumsführung 33

Netzwerke
- neuronale 78
Neurodidaktik 77
Neuron 78
Neuroplastizität 79

Oberkellnergedächtnis 80
One-Minute-Paper 55
Outputorientierung 92

Pipeline-Modell 70
PQ4R-Methode 28
Präsenzphase 83
Praxisbezug 70

Qualifikationen
- überfachliche 19
Qualitätssicherungssystem 91

Raupenschlepper 14
Regeln 64
Reiz-Reaktions-Modell 68
Ressourcenorientierung 73
Rollenwechsel 67

Sandwich-Methode 22
Schlüsselqualifikationen 37
Selbstständigkeit 72
Selbstkontrolle 72
Selbstlernphasen 43, 83
Selbstorganisation 80
Semesteranfang 62
Situation
- offene 62
Snowballing 24
Speed Dating 14
Statement-Runde 57
Struktur 72
Studierendengruppen
- heterogene 67

Teilnehmerorientierung 68
Textarbeit 28
Think – Pair – Share 25

Übung 80

Veranstaltungsbeginn 3
Vernissage 33
Verschnittgruppen 39
Vorstellungsrunde 3
- klassische 63
Vorwissen
- Einbringen 7
- Strukturierung 7

Wikis 85
Wissen
- Erwerb 19
- Verteilung 19
Wissensangebot 67
Wissenspool 11